每个人都与国家命运息息相关

国家道路是一个根本性话题，它无时无刻不在参与对我们个人生活和命运的塑造。准确地说，它是我们个人利益最外部的那道屏障。我们每个人人生道路的时代含义，都与国家道路的带宽和质量有关。

党领导的强大体制对中国意味着什么？

胡锡进 / 著

人民出版社

序　言

今天是中共建党 98 周年纪念日，老胡上午参加一个讨论会，来回的路上和在开会当中我就想，历史不能假设，但如果大胆地假设一下，中国没有出现共产党，后来会发生什么？

这个假设太有挑战性了，几乎无从下手回答。但我琢磨着，如果中国没有走上社会主义道路，它的情况就应该从亚洲其他人口大国中去找影子。除了中国，亚洲人口最多的国家一个是印度，一个是印尼，两个国家现在都挺落后的。从政治上说，中国由于很大，它的体制延续蒋介石统治方式的概率很高。其实亚洲多数国家在很长时间里也是那种体制，印尼的苏哈托、菲律宾的马科斯、韩国的朴正熙，他们的身上都有蒋介石的影子。

后来大多数亚洲国家经历了"民主化浪潮"，政治体制的改变对大国来说具有很大风险。印度结束殖民统治是巨大进步，但这样的大好事也带来了不稳定，导致了原来印度的解体，也就是印巴分治。中国如果出现重大政治变动，国家版图被重塑几乎是板上钉钉的事。

有人说，亚洲除了之前就很发达的日本，二战后还出现了"四小龙"，但请注意，"四小龙"人口加起来只有8000多万，真的不具有代表性。"四小龙"相当于亚洲的四个盆景，而中国是一块广袤的森林。

也就是说，如果没有中共把中国带上社会主义道路，中国今天的情形从大概率上说会是这样的：有几个发达的小区块，被大量贫困的地区包围，它的平均发展水平会介于印尼和印度之间。放眼世界，西方发达国家加起来只有约10亿人口，比中国还少一块，二战以后发展中地区变成发达地区的，在世界范围内可谓凤毛麟角，亚洲"四小龙"已经是最突出的。中国作为超大型社会如果按照发展中国家普遍的比较劣质的资本主义方式发展，几乎没有可能实现大大超过世界平均速度的可能性。

关于制度问题，还有一个可比的例子，那就是苏联东欧。它们在20世纪80年代末90年代初集体发生了颠覆性的政治变革，而我们继续沿着中国特色社会主义道路往前走。三十年之后，中国的进步幅度大大超过苏联东欧群，中国人民的生活水平大幅提高，综合竞争力走到了那些国家的前面。

回过头来往内部看，不能不说，中共彻底改变了中国民生的面貌，也根本改变了国家在世界上的地位，中国大体实现了中共成立时知识分子群体对国家发展最大胆的集体想象。中国老百姓的生活水平不断刷新，城市中产阶层的生活形态逐渐有了西方中产阶级的模样。这些在中共成立时是完全不可想象的。

中共领导着中国人民向前疾跑，我们也摔过跤，也有抄近道抄错了的时候，今天也还有问题，但是总体看，中国出了共产党，共产党领导了这个国家，这是中华民族的一份历史幸运，是中国悠久文明史所积淀的智慧和力量对未来的一次关键性把握。

人民出版社出版这本书，我想他们是希望我与年轻人围绕国家道路这样的根本性话题做一个交流。我们每个人都生活在日常的利益纠葛和喜怒哀乐中，国家似乎离我们很远，但它其实无时无刻不在参与对我们个人生活和命运的塑造。准确地说，它是我们个人利益的最外部的那道屏障。我们每个人人生道路的时代含义，都与国家道路的带宽和质量有关。多了解这个国家所处的时代方位，把准它的脉搏，我们的人生会多一些方向感，也更有可能从国家的动力机制中汲取到有助于个人奋斗的能量。

我想说，不要听信那些这个国家与你没关，或者它属于达官显贵、唯独不属于你的蛊惑。事实上，我们每个人都与国家的命运息息相关。中共真心为中国人民谋幸福，为中华民族谋复兴，我们生活在国家不断改善的潮流之中，这是我们个人命运具有特殊意义的一个维度。我愿意通过这本书与大家一起探讨、认识这个维度，因为它实在太重要了。

作　者

2019 年 7 月 1 日

目　录

第一章

凝聚共识

党领导的强大体制对中国意味着什么？
这一代年轻人注定要扛起中国复兴的特殊负重
"两会"与党的会议合奏出中国的政治主旋律
香港的年轻人，别让政治"聒噪"耽误了"赶路"
中国的国运不能依赖美国的善意
做个大国民——站在中国看世界

　　2019 年 4 月，《环球时报》英文版 10 周年。胡锡进说："我们这 10 年里在中外复杂的舆论风雨中成长，我们与一个惊世骇俗、叫作'中国崛起'的进程共荣辱。"

党领导的强大体制对中国意味着什么？

中国共产党领导的中国实现了在当今世界的快速发展，中国政治体制也成为外界谈论中国的最大焦点，而外界的议论，尤其是西方的看法反过来又影响了不少国人。在此我想就中国体制，尤其是党的领导谈一点个人的粗浅看法。我谈得更多是自己作为一名媒体人在世界各地采访时回望中国的感受。

中共领导的体制对于中国究竟起了怎样的作用？

新中国建国 70 年，取得的成就远远大于犯过的错误，对此应当说没有多大争议，但有一种不讲理的说法是，中国比美欧的发达程度差远了。其实新中国的起点和上世纪中叶美欧的情况完全不同，以致双方怎么对比都有问题。

从现代化的存量来看，美欧至今明显领先，中国比不过。从发展速度来看，中国显然要快得多。1949年中国和西方是天渊之别，而现在双方拉近了很多，中国在一些方面甚至让西方感受到了"威胁"，我们无疑是发展速度的赢家。但是中国是后发国家，发展快一些按说也是应该的。

宣扬中国大陆的体制耽误了国家发展的人，还经常举台湾的例子，辩称都是中国人，但是台湾明显快走了一步。

台湾的发展确实比大陆早了一步，但它经济社会发展水平比大陆高的部分不断萎缩，两岸民众生活水平的差距越来越小。台湾仍有它的优势，但我们这边工业化的很多成就也已经让对岸社会"望陆兴叹"。据预测，用不了多久台湾就会掉到中国经济排名的前十个省之后。当然这样比也没意思，参照系交叉、模糊，说服力不强。我们应该从更大的视角来看台湾这个例子的价值。

台湾是"亚洲四小龙"那一拨发展起来的，"亚洲四小龙"的发展总体上是冷战时期美国等西方国家战略布局的附属品。美国当时经济处于全盛，有能力帮助对它有用的小伙伴，"四小龙"得以崛起。必须说，它们的运气不错，而且这样的运气是冷战之后再也没有被复制过的。**最重要的是，"四小龙"今天的人口加起来也不过8000多万，相当于中国大陆江苏省的人口。它们的例子可以用来**

抬杠，但不具有代表性。

与中国更有对比价值的是几个曾经或当下的政治地理单元，它们分别是苏联和东欧集团、东盟集团、南亚次大陆。苏联和东欧集团不仅有几亿人口，土地广袤，而且一度与中国有相近的政治制度。东盟集团紧靠中国，在经济和文化上与中国有千丝万缕的联系。南亚次大陆人口规模像中国一样庞大，并与我们曾在同一经济发展水平线上。

与这三大块相比，中国今天的综合发展水平大大超过了东南亚，更是把南亚次大陆远远甩在后头。苏联和东欧集团在冷战后分崩离析，有的加入欧盟和北约，它们共有一亿左右人口，生活水平稳住了，或者有所提升，但它们与西欧的发展鸿沟犹在。另外两亿多人口的生活水平则倒退或者停滞不前。综观苏联东欧地区，综合力量是倒退的。

和周围这 20 亿左右的人口比起来，新中国的发展是卓越、亮丽的。其实新中国的历史要与更早一段时间接起来看。清朝作为一个大帝国崩溃，必然导致一段相当长时间的混乱，包括外敌趁机入侵。中共结束了那一段动荡期，接手了一个极度落后、可谓一穷二白的国家。新中国成立之初经历了一段摸索，这个摸索期持续了不到三十年，期间有曲折，也有工业布局和国防建设的成就，并且实现了国家的高度独立自主。之后中国走上震惊世界的高速发展期，一举跃上世界第二大经济体的位置，这个国家的民生面貌被根本性重塑。

我认为这样看中共领导的体制究竟给中国带来了什么，才是全面的。

从世界格局看，中共的坚强领导对今天和今后的中国意味着什么？

一个国家有一段时间高速发展，不是很难的事，真正难的是保持长期稳定的发展。三十年河东三十年河西，这个世界上很多国家都有过一时的繁荣。我去很多国家采访，发现它们的底子其实蛮厚的。巴西在一战前后就达到相当的发展水平。巴基斯坦人说，当年韩国人派一个又一个考察团来学习，中国还从巴基斯坦引进了一些先进的管理经验。我没有仔细考察那些国家现代化的轨迹，但大多数国家的发展起起伏伏，在世界政治大板块的变动中随波逐流，应是一个真实的全貌。

东南亚的印尼、菲律宾等"南洋国家"曾经都比中国的经济情况好，1997年一个金融危机的浪头打过来，把它们全搞蔫了。苏联最有意思，一度那么强大，能与美国全面竞争，它的第一颗人造卫星和第一名宇航员再清楚不过证明了它的体制性力量，更不要说战胜法西斯德国了。苏联有问题，但可以改啊，其产业结构有些畸形，过于注重重工业和军工业，农业和轻工业薄弱的问题突出，这原本是完全可以通过调整解决的问题。但整个国家看不明白，最终的选择竟然是放弃，放弃了党，放弃了制度，放弃了道路。今天俄罗斯受到的来自美国和北约的战略挤压，都是苏联解体的后遗症。莫斯科为抵制这种挤压，招来了美欧联合制裁，俄罗斯卢布贬值，人民生活又受到一轮严重影响，令人扼腕。

一般国家只要所处的大环境不变，发展都会有惯性，最怕的是内外问题叠加，导致发展势头的逆转。中国的幸运和不幸都在于我们巨大的规模。我们的发展刚走到半程，就已经成为仅次于美国经济规模的庞然大物。中国手机销售数量全球第一，汽车销售数量全球第一，规模经济效应开始孵化出华为、阿里、腾讯这样的有全球竞争力的大企业。中国发展被外界赋予超级的地缘政治意义，我们终于被盯上了。搞垮中国成为个别国家一些精英分子的现实冲动。

搞垮一个国家很容易吗？事实证明并非很难。一个国家如果拥有全球压倒性的军事优势，又控制着全球金融体系、互联网体系，还是全球最大消费市场，很多时候，可以说它想搞谁就搞谁，想怎么搞就怎么搞，而且用不着担

心遭到致命性报复。它可以打掉日本的经济锐气，挤压俄罗斯战略空间，对中小国家除了实施严厉经济制裁，还可以采取军事颠覆行动，导致它不喜欢的国家"非死即伤"，而且伤得都很重。

一个国家被"搞垮"的标志之一，就是货币的崩溃。苏联解体时，卢布几百倍、几千倍地贬值。最近一段时间，土耳其里拉、伊朗里亚尔都出现短时间里汇率的断崖式下跌。2018 年 8 月，因为美土关系恶化，土耳其里拉在几天里狂贬 30%。伊朗里亚尔 2018 年 5 月份之前 4 万多兑换 1 美元，5 月 8 日美国宣布重启对伊朗制裁，引起里亚尔实际汇率的狂泻，曾飙至十几万里亚尔才能兑换 1 美元。

2018 年美国和中国发生史上最大规模贸易摩擦，这样的阵势，一般的国家估计早吓晕过去了。即使表面镇定，汇率也会让焦虑尽显无遗。以美国去年对华全面施压的强度，人民币暴跌至 10 块钱以上兑换 1 美元，甚至 15 块钱以上兑换 1 美元，应属高概率事件；即使 20 块钱以上兑换 1 美元，历史也不会惊讶。恰恰是人民币稳住了，反而值得历史"惊掉下巴"。

这的确是一个奇迹。其实去年不少中国人也慌了，人民币汇率也出现了超过正常速度的下跌，但它很快稳住了。今天在人民币汇率中，可以说贸易摩擦未能"留痕"。

原因是什么？经济学家们可以给出各种答案，但在我看来，最根本的原因是中国有共产党的坚强领导，党中央有坚强有力的核心，党在关键时刻的政治定力鼓舞了全国人民，坚定了全社会所有困难都能够度过去的信心。换句话说，地缘政治"核级别"的冲击波来了，中国只轻微晃了一下，就适应了过来，岿然站立在自己的阵地上。然后任别国怎么折腾，我们以不变应万变，全社会改革开放四十多年所积累的能量都释放了出来，令希望对华贸易战"速战速决"的人大失所望。

我认为，毫无疑问的是，对方大大低估了中国承压的意志和能力，没有想到，中国这么经打，中共对社会的动员力和对风险的把控力如此强大。我相信，经过这场贸易摩擦，一些人势必对中国体制的坚强和稳健形成新的认知。

中国是超大型社会，社会发展的根本动力是人民对美好生活的追求。中国人不满足现状，而且吃苦耐劳，决定了中国不断向前发展的态势，是老百姓在推着中国经济不断向前发展。因为老百姓都要彩电冰箱洗衣机，中国国内生产总值的世界排名不断靠前；因为老百姓们要改善住房、开汽车，中国成为第二大经济体；老百姓们还要更好的教育、医疗，更好的生态和休假，这些愿望在"逼"中国继续往前走，这个国家别无选择。

从历史上看，"老二"是风险重重的位置，结局好的凤毛麟角。我认为，中国最终能平安度过危险期，成为世界第一大经济体的概率，正常情况下只有50%。也就是说，有一半可能会是国际政治不接受中国成为第一大经济体，我们在民族复兴的半路上因种种原因、以我们难以预想的方式倒下。那么，有没有一个关键的因素，能够把中国成功的概率增加到51%以上呢？

我觉得有，这个关键的因素，就是中国共产党的领导力。

苏共在重要关头动摇了，很多国家被一吓唬就慌神了，中国以后还可能会遇到复杂得多的各种挑战。但是中国已经是核大国，有世界最完备的工业体系，正在很多领域成为世界第一大市场，我们有了把中国特色社会主义道路坚定走到底的基础性条件。接下来最重要的就是这个国家能否长期清醒、理性，遇到冲击时不慌乱，在任何情况下都保持稳健的进取态势。而中共是最有能力驾驭各种不确定性和挑战的力量，也正是因为看到了这一点，西方一些激进政治精英产生了严重的失败感，甚至是绝望感。往过去看，其他很多体制都碰碎了；往未来看，到了考验中共领导的中国体制的时候了。中国所有人的命运其实都系在中共的这场大考上，我们必须支持中共创造历史，得一个高分。

从中国内部看，中共领导的体制又意味着什么？

中国同时是人口大国和疆域大国，中华文明从未间断，有着深刻的文化原因和自然地理原因，比如汉字、儒家文化以及水患频繁的大江大河都在历史上起到了凝聚这个民族的作用。追求大一统无疑是中华文明绵延数千年的主旋律。

中共提供了国家发展的强劲动力，促进了社会公平。它对这个国家还有一个特别的作用，那就是贡献了我们这个地域差异巨大、多民族且疆域辽阔的大国的政治凝聚力。**中共是超越民族、宗教以及地域性的政治组织，它的意识形态很强大，构建起真正属于整个中华民族的共同愿景，或者叫画出了最大同心圆。中共党员数量众多，既有领导力非凡的党中央，又深深融入到基层社会，它的组织性可以穿透各种传统和历史沉淀，从而形成对中国全疆域和全社会政治上的重构。**

1993 年我去南斯拉夫当记者，认识了一位美国资深记者。他曾经常驻北京、莫斯科，是位"社会主义通"。有一次聊到中共，他说，中国是个从哪个层面看都很复杂的国家，而中共是中国的凝聚力量。他说苏联和南斯拉夫解体源于苏共和南共盟的分裂，中共的领导力对中国的未来是决定性的。他认为中国决不能削弱中共的领导力，一旦出现这种情况，中国就将再有一轮分崩离析。这位美国资深记者不会有我们的信仰和立场，他的上述认识恰是值得我们倾听的第三方观察和结论。

2014 年我到乌克兰采访，当时乌刚发生了新一轮的颜色革命，国家陷于混乱。我问当时的乌克兰总统直属战略研究所国际关系主任扎克哈诺维奇先生，外界，比如中国应从乌克兰局势中得到什么样的启示呢？他想了一会，对我说：当一个国家从苏联式传统社会主义模式向现代社会治理模式转型时，一定要保持国家对这个过程的控制能力。是的，中共恰是有能力发动这种改革并能够驾驭它的伟大力量。

除了贡献凝聚力，中共还为中国社会的发展提供了远超过一般执政党的社会动员力，以及对建设规划的设计能力和执行力。中共还有一个很大的优点：实事求是，不极端，有自我纠错能力。当下的中国应该是这个世界上最重视民生，也在这方面最有实绩的国家了。就说精准脱贫这一项，中国把它当国家层面的三大攻坚战之一来打，没有一个国家对扶贫做得像中国这么"玩命"。

中共因为有为人民服务的宗旨，在民生上下了大功夫，党中央对民心向背有把握，所以不仅基础设施的大工程搞得好，而且改革的大工程也敢决策。中共十八大以来

  党的十八大以来，我国把扶贫开发摆在突出位置，脱贫攻坚取得了决定性进展，稳步向历史性解决绝对贫困和全面建成小康社会迈进。云南省怒江傈僳族自治州 98% 以上的国土是高山峡谷，山势陡峭，过去群众要依靠溜索跨越怒江，出行极为困难。如今，怒江傈僳族自治州交通状况得到极大改善，许多溜索被桥梁所取代。上图是 2013 年 2 月 2 日拍摄的泸水市六库镇双米地村的一名村民从集市上采购年货归来，依靠溜索过怒江（新华社记者　王长山／摄）。下图是 2016 年 9 月 9 日拍摄的双向六车道大型公路跨江桥梁——通达桥（新华社记者　胡超／摄）

铲除腐败，抓了大批贪官；搞重大经济转型，去产能、调结构；推进军改，同时把反腐败深入到军队。这几件大事，放到别的国家，有一件就足以闹出大乱子，但中国居然把它们同时干成了。根本原因就是党中央有了习近平这样坚强成熟的领导核心，决策力、把控力都达到新的高度，中国在延续经济奇迹的同时，其实更创造了一个既大刀阔斧实施全面改革、同时又罕见稳健的政治奇迹。

改革开放和高速发展使中国处于相当急剧的变化中，各种新情况、新矛盾不断涌来，中共领导的体制支持了这个国家和社会对它们的应对，我们没有被它们堵塞、憋死。这个国家看上去问题成堆，但国家解决问题的能力和资源增长得更快。中共已经成立快 100 年了，它在这个国家最危难以及最较劲的时候都做了无愧于历史的大担当，为人民、为民族、为国家立下了大功劳。

对老百姓来说，强大的国家和强大的体制又意味着什么？

互联网上经常有人说：国家强大不强大，跟我一个普通民众有半毛关系？其实还真有很大关系。

中国有句老话说：乱世出英雄。其实那只是对极个别、极少数人而言。对绝大多数老百姓来说，一份安稳的日子最重要。而中共把国家带到颇具竞争力的第二大经济体位置，并且能够在这个位置上稳得住，为每一个中国人寻求个人发展和幸福提供了基础性平台。

国家是每一个人利益最外部的一道屏障，和平年代，这道屏障会不那么明显，全球化更使它变得隐蔽。但这道屏障真实存在，对绝大多数人生活境遇的影响无处不在。

一个勤勤恳恳的中学老师，他在上世纪 80 年代和今天付出同样的努力，但他在全球竞争和财富网络中的位置却出现了重大移动。他做同样的事，三四十年前他是这个世界上的穷人，今天他却可以利用假期出国旅游了。到了欧洲的一般城市，他还会发现，他家的房子与当地房子的价值差不多了。过去中国普通人家的孩子完全不敢想出国留学，但现在送孩子出国留学已是中国中等收入家庭紧一紧就可以承受的事情。这一切变化都是中国发展折射在老百姓生活中的现象。

换句话说，中国"值钱了"，中国社会越来越多的元素跟着水涨船高。普通人都受益，精英们更是如此。**没有"中国"这个元素的支持，马云们就成不了世界级的一流企业家。**中国各行各业越来越多的拔尖人物逐渐获得了国际上的影响力。连一些反体制的"异见人士"都跟着中国发展"受益"，国际上的反华及不友好势力前所未有地抬举他们，不断把各种奖项颁给他们。

设想一下，如果中共垮台，全体中国人必将成为集体输家。就像我前面写到的，人民币先贬成几十块钱兑换一美元，我们肯定要经历一场帮我们重新理解什么叫通货膨胀的货币大贬值。我是亲身经历过货币每天都贬的金融动荡的，我上世纪 90 年代在南斯拉夫当记者时，赶上了恶性通胀，那时国际长途很贵，但我可以随便往北京打，聊大天，想聊多久就聊多久。到了月底，出现一个当月电话费的数字，别着急，有 15 天的交款期，这 15 天里，当地货币每天贬百分之二三十，15 天之后，无论我上个月打了多少电话，最后交的都是一美元。我想告诉国人，那才叫通货膨胀！

中国人是敢往银行里存人民币的，但是很多国家里，人们不太敢那样做，他们只敢存美元或欧元。因为你如果存当地货币，没准哪一天突然就贬一半。敢用人民币买债券，做理财，而不是一发工资就急着把它换成外汇，这并非中国人作为发展中国家国民必然享有的一种权利。

有人说，我不怕国家分裂，我的国家如果像瑞士或者新加坡那么小，只要日子好，无所谓。

但世界上能有几个瑞士和新加坡！上世纪 90 年代我就听刚独立的中亚某国人说，他们要做中亚的瑞士。但是这么多年过去，他们还是中亚的某国。

中国对普通人来说首先是个大平台、大市场，中国的农民工有着世界上基层劳动者差不多最大的人生活动半径。这样的活动半径意味着更多的改善生活和命运的机会。**中国的庞大开拓了每一个国人的视野，这使得中国人更容易在全球化浪潮中探索自己的位置，跟上时代的潮流。**我们一直说中国人被束缚在了土地上，不愿意动，但是今天中国社会是全球流动性最频繁的社会。看看每年的春运就能体会普通中国人跑得有多远，以及他们在从事现在的工作之前经历或扫描过多少其他的机会。他们不是在随波逐流，他们在选择，在竞争。

最近几十年，中国各大城市的人口结构都发生了巨大变化，很多新兴城市完全是移民建起来的，中国人远距离"候鸟"般的迁徙着实惊人。中国之大塑造了现代中国社会特有的生活风貌。**中国不光是大，而且越来越强大，强大的方向最初是抵御外敌，逐渐发展到支持每一个人雕刻安全、幸福的人生。**中共的执政正在历史性地实现这样的递进。

社会主义制度追求公平公正，随着中国国力的增加，这一制度性承诺逐渐成为国家的真实实践。公平必须有大量物质资源的支持，否则就是大锅饭式的穷公平，那种情形我们经历过，它并不可爱。然而今天，中国在市场经济条件下的公平建设应当说取得了发展中国家里非常显著的成就。

中国远非处在世界上贫富差距最大的国家之列，但中国舆论对贫富差距的抨击堪称是全球最激烈的。这说明在人民中间的社会主义思想和传统公平理念非常浓厚，追求公平是这个国家的集体信仰。中国的确是社会主义国家，它不是"资本"说了算的，而是"社会"说了算。中国的发展亦很曲折，但是党领导着这个国家始终没有忘记社会主义制度的根本宗旨。

中国共产党强有力的领导带给了这个国家在世界上极具竞争力的品格，但对于中国拿出世界上属于卓尔不群的诸多表现，我们已经习以为常，不再能感受到它们的特别之处。**一些人的参照系经常出问题，不是比国家的进步速度，而是拿中国的现状对比发达国家的发展存量，从而产生中国处处不如人的严重错觉。**

中国体制的强大必须包括对这种认识上错觉的纠正能力，建设舆论场特别是互联网舆论场上主流的、实事求是的集体自我认识。在多元化已成中国社会现实、中国不断扩大开放使得西方对我价值渗透更容易开展的时候，这样的纠正无疑是巨大的挑战。但我相信，成功是最有力量的证据，这个世界绝不存在能够长期遮掩事实的铁幕。

中国共产党在领导中国人民做一件十几亿人实现现代化的惊天地、泣鬼神的大事。这十几亿人比西方发达国家总人口加起来还要多几亿。中国很忙碌，这个国家有太多建树需要创造，它的兴趣是解决问题，而不是争高低。我们认为每个社会都有自己的信仰和骄傲，相互尊重和借鉴是最值得倡导的准则。都晒一晒自己的成绩单吧，看看有谁真的好意思把他们的成绩单摆在中国的旁边！

这一代年轻人注定要扛起
中国复兴的特殊负重

中国正在书写人类现代史的封面故事

新中国成立至今，中国发生了天翻地覆的变化，这种变化造就了中国人新的生活水平，也在相当程度上重塑了中国的社会风貌。中国人把这一切称为"小康"，这应当说是一种留有余地的自我评价。

中国这些年的发展被世界定义为"崛起"。旧中国虽然领土大、人口多，但是在世界政治和经济领域几乎没什么影响。树大根深的传统中国文化被积贫积弱的漫长岁月毁了名声，就像一件庄重的袈裟被穿成褪色褴褛的布片。那时的中国近乎国际政治和经济中的乞丐，曾经万邦来朝的中央帝国沦落为列强争夺霸权和做利益交易的半殖民地国家。

今天，中国一步步地站到了世界第二大经济体位置上，中国崛起成为21世纪全人类级别的最大触动，中国人在不知不觉中创造了世界政治和经济格局的第一大变量。如今全球都在议论中国，现在不了解中国，就看不透时代和世界。

不能不说，这一切都是中国共产党领导全国人民干出来的。中共可以说没过几天"好日子"，从它成立到走向执政，先是28年的血雨腥风。然后是执政的前30年经验不足，在取得成绩的同时也犯了一些错误。社会主义阵营强大时，中国或者是"小弟弟"，或者受到排挤。中国刚通过改革开放缓了一口气，苏联东欧社会主义阵营垮掉了，西方的意识形态和地缘政治矛头转向了我们。之后的中国高速发展，同时也在不那么友善的国际政治格局中逆水行舟。时至今日，中国愈发强大，但西方主导的国际舆论对我们的偏见和疑虑不断加深，已被事实证明成功的中国发展道路，仍不时被西方舆论口诛笔伐。

全球化搭建了一个评价中国建设成就的"大杂烩坐标"，它部分销蚀了中国人本应有的骄傲。历史的视距常常被折断，一些并不准确的尺子被拿来衡量中国。

一些人编造出"民国黄金十年""晚清的GDP世界第一"等谎言，来证明今天中国的发展甚至在中国自己的历史上都很平庸。而看看民国时期北京街头的老照片，中国人黑黢黢的服饰和面对洋人镜头麻木的面部表情，再看看从晚清到新中国刚建立时，西方人在中国人面前来自另一个世界般的优越感，就知道那些别有用心打造出来的"尺子"是多么虚假。

中国历史性地前进了，而且中国在过去半个多世纪跨出了人类同时期和整个近代史上幅度最大的脚步。中国改变了自己，而且我们前所未有地影响了世界。中国在共产党领导下向全人类展示了一种叫作"改革"的东西，在世界各地到处都是"假改革"的时候，中国为"改革"正了名，最大限度地释放了它的正能量和魅力。

中共的领导力和中华文明的包容力水乳交融，使得中国成为当今世界最开放、最有韧性的非西方大国。中国学习世界各国的先进经验，把它们掰开揉碎了学。有敌对势力存心塞过来骨刺、钉子，我们或者能把它们剔出去，或者能把它们熔化。外界的很多不良图谋和预言纷纷破灭。

综合看今天中国的社会信心、它沿着自己道路的续航能力、它政治经济引擎的强劲程度，都处在充裕的状态。中国今天的高度不是踮着脚尖够着的，也不是颤颤巍巍的。中国的"小康"很殷实，积累的成就和基础很厚实。特别是十八大以来，全面深化改革和反腐败形成了新的战略蓄势，中国完全有能力再跨新的大步，再攀新的高峰。

我们完全可以设想，中国的前方将有更多困难，中国的后发优势用得差不多了，改革进入深水区也不是政治报告必须塞进去的官话，由排浪式消费推动的中国经济高歌猛进暴露了一些夹生的东西，一段时期以来的经济下行压力真实而紧迫。但是中国将继续前进堪称是当今不确定世界中最大的确定性之一，中国能够克服各种困难，继续在很长时间里保持高于西方世界的增长是普遍的预期。这种预期正在近乎以"战略期货"的形式在国际经济和政治中被投资、消费，即使试图对抗这个趋势的力量，也大多不是寄希望于阻止这个结果，而是想从阻止它的过程中谋利。

中国的潜力以及中国共产党的领导力共同塑造了"中国战略期货"的坚挺，无论中国面临多少困难和风险，只要我们坚持已经选定的发展道路，不犯颠覆性错误，就不再有任何力量能将中华民族的伟大复兴毁掉。再过30年，当中华人民共和国建国100周年的时候，中国度过的这一个世纪必将成为整个人类现代史的封面故事。

在走向巅峰的路上，中国的集体奋斗不会以民众个人的苦行僧般生活为代价，中国的成功一定会是无数个人的精彩人生和绝大多数人获得感的总和。换句话说，中国崛起不会以超级团体操的方式实现，它注定会集纳天下的丰富多彩，形成中华的独特超越。

　　70 年打下了中华民族伟大复兴的坚实物质基础，也在一次次洗礼中形成了国家的政治定力和韧性。让我们给共和国敬个礼吧，它是承载着我们每个人命运的船，是我们个人利益的最外部屏障，也是我们个人和集体尊严的基石。国家好，大家才会好，这是大历史在神州最悠久的回响。

历史不可能如此宠幸一代人

　　每一代人都会有独特的集体经历，承担属于他们的时代使命。今天的年轻人或许要经历中美关系剧烈变化所带来的一系列挑战，成为这段历史的主角。

　　之前看到有人鼓吹，一旦中美关系坏了，这代年轻人此生就"洗洗睡吧"。我想说，今天的年轻人没那么没出息。中国复兴总要在某个阶段承受外部的突出压力的，这代年轻人如果真的赶上了这种压力最突出也持续最久的浪头，那是他们应当为逐渐老去的父辈以及他们需要养育的孩子们勇敢挑起的担子。他们不能让上一代和下一代失望，他们不能让中华民族失望。

　　老胡的父辈是共和国刚成立时的年轻人，他们的一生不仅辛苦，也很艰苦，献给了共和国现代化的起步性建设。我在北京南郊的火箭研究中心长大，我认识的很多叔叔们在壮年时响应国家号召从北京去了三线，我在四川的一个航天小区里，在一幢普通的旧楼房下面认出了他们中的一些人，感慨万千。他们是无怨无悔的一代。

改革开放的 1978 年，老胡考上军校。我总说，我们这代人是改革开放的"长子"。我们是"折腾"的一代人，经历了彷徨、摸索和自我启蒙，也经历了各种意想不到的、至少当时令我们惴惴不安甚至痛苦的变化。国家的道路选择与我们的青壮年时期并行，我们琐碎的人生有一份摆脱不掉的时代负重。

现在，新一代年轻人们又在崛起。如今 30 岁以下的年轻人完全生长在了没有战争，也没有动荡的中国。全球化是这一代人成长最基本的伴奏曲，在大的和平稳定环境下追求公平公正成为这个时期意识形态的主旋律。这个时期的一些爆款词"小资""屌丝""佛系""小确幸"等等，反映了这个时期年轻人中的某些集体注意力。不能不说，从历史的大视角看，这样的状态是蛮幸运的。

但是历史不可能如此宠幸一代人。**今天的年轻人一定会经历一些大风大浪的，这是中国这样的大国赋予每一代人的宿命。**很多人没想到，我们对外开放的最大目标美国竟会战略性地对我们翻脸，不少人觉得，这很可能是我们哪里做错了，也许我们做些修正，就能把过去相对和谐得多的中美关系找回来。

然而很可能那样的中美关系再也找不回来了，甚至这已是很笃定的。今天的年轻人们要有勇气和能力开拓中国改革开放伟大事业的新空间，他们的青壮年时代很可能会在中美强度很高的间歇性，乃至持续的博弈中度过。他们会感受到美国以及西方人更严重的误读甚至敌意，他们需要思想上更加坚强、自信。在与人为善，坚持开放的同时，要确保中国复兴之路不被美国和西方一些势力劫持，也不被它们挤出我们选定的道路。

无论外部大环境有什么变化，抱怨都毫无意义。年轻一代需要驾驭中国外部环境的智慧，实现由他们这代人主导的中国社会在各种挑战面前的团结。他们不能觉得自己生不逢时，他们面对的各种重大问题，恰恰是历史对他们这代人的托付。

如今的年轻人赶上了中国最有力量的时候，同时也赶上了中国人常说的"转型期"。别怵头，莫抱怨，这一代年轻人注定要扛起中国复兴的一段特殊负重。他们将证明自己能行。

做一个爱国者是今日青年应有的时代情商

中国近代史可以看成是一部国家和民族复兴史，五四运动以来尤其是这样。因此爱国主义既是贯穿了中国近代史的意识形态，也是一代又一代中国人维护自身权益、实现切身利益的集体方式。

我们每个人都生活在自己的小环境中，尤其在和平年代，国家好像离我们挺远的。爱国主义的号召力会随着和平与稳定生活的延续而减弱，但国家强弱兴衰与我们每个人事业和生活的直接和间接关系却没有发生太大变化。国家作为我们个人命运最外部那道屏障，与我们的距离始终差不多。

别以为全球化了，你就可以很容易做一个"世界人"，即使你出国了，在一个跨国公司工作甚至改换国籍，你身上的"中国人"印记也洗不掉，中国的兴衰仍有可能对你的境遇产生影响。

一些在本国混得不怎么样的美国、英国人，到亚洲来比较容易找个工作"混"，教个英语、当个"口语老师"什么的。这是因为美英作为发达国家成为国民可以分享的一份资产。随着中国越来越强大，这种情况将缓慢地发生逆转，终将有一天，"中国"这个品牌会给走向世界的中国人一份远大于今天的额外支持。

中国有漫长的陆地国境线，到今天为止，国境线中国一侧人民的实际生活水平基本上都已经高于国境线对面的外国地区的生活水平。这是一个了不起的变化，但它还远远不够。当有一天十几亿中国人的生活水平与发达国家的生活水平大致拉齐时，或者说我们的平均生活水平大体接近发达国家的生活水平时，这个世界就彻底改变了。

每一个中国人都是独立的，但我们又的确是当今世界一个独立的利益单元。这是一个充满竞争的时代，国家竞争是各种竞争之间颇具意义的、引领性的。**就因为你是中国人，生活在这块土地上，在很大程度上决定了你人生的大方位，我们的个人努力往往是针对小环境进行的，而人生的大方位、大坐标却只有通过集体努力的方式才能改变。**

上世纪 90 年代，我在欧洲著名景点看到日文、韩文的介绍，从没有见过中文的介绍。现在再去欧洲看看，哪个机场免税店里没有会讲中文的雇员？如果哪个旅游景点还没有中文介绍，那它一定是很 OUT（落伍）的。

中国复兴还没有完成，今天我们恰恰处于一些外部势力对中国复兴反作用力不断上升、越来越具实际威胁的时候。美国等一些西方力量想中断中国的复兴进程，剥夺中国人民把日子越过越好的权利，固化西方近代以来遥遥领先于中国的格局。他们想阻断从五四运动开始的、经历了无数流血牺牲和艰苦奋斗才铺就而成的中国崛起之路，而把中国的复兴延续下去，捍卫自己这一代幸福生活以及自己后代生活得更好的权利，这一使命已经落到了今天年轻人的肩膀上。

我们每个人都同时在为自己的个人权利和中国的权利而奋斗，家国之间的紧密联系是当代中国人摆脱不了的人生现实。爱国是保护家庭和个人权利的一种社会公共途径，而且它的时代紧迫性在随着中国国际环境的变化而增加。当中美贸易战打响的时候，当美国的战略武器不断在亚太方向部署的时候，中国的国运是我们人生命运的基础性平台，这一点正变得越来越不容置疑。

做一个爱国者是今日青年应有的时代情商，也是大家应有的人生清醒。它不是什么高调，它是道德伦理世界最基础的路标之一。

国家大小强弱跟我们有没有关系?

我们的国家越来越强大。有人会说，这跟我有什么关系，国家无论大小强弱，只要生活好就行。

这样想看上去挺实际的,但真实情形并非如此。今天的中国成为所有中国人展开我们人生命运的全新基础平台。每个人的人生起点不一样,形成了先天的不公平,优势和弱势。但今天的中国为我们后天经过努力塑造自己的人生给予了更多选择性,还有机会。

今天的年轻人如果真想努力改变自己,可以有正常教育就能够支持的很长的人生半径,还有职业跨界选择。中国互联网的发达,提供了超过大部分国家的网上创业机会。如果国内的机会不够,"一带一路"提供了个人发展的延伸空间。如果去发达国家闯,中国崛起重置的中西资产关系使得今天的中国人去西方国家变得轻松得多。以中国国力为基础的外交领事能力也为中国人在海外的权益提供了更多保障。

老胡跑过很多国家,我看到一些国家、包括发达国家年轻人的迷茫,那是真迷茫啊,因为他们对国家前途缺少信心,而国家前途暗淡意味着的是大家人生基础平台的下行。

当然了,无论国家怎么样,都代替不了个人的努力。我们每个人都生活在各种可能性中,同时也生活在社会的各种问题中。尤其是不公平,绝大部分人都会感受到它的某一部分或者某一种表现。我想说,这真的是世界性的问题,或者说是人类组成社会以来一直自带的问题。中国作为社会主义国家,一直为克服、抑制这个问题尽最大努力。作为个人，我认为无需将自己的情绪、精力围绕这个问题做过多消耗，而应当充分调动个人的潜力，既洞察自己的小环境，也了解、把握国家乃至全球化的大环境，通过积极的个人奋斗创造自己的未来。

我坚持认为，今天的年轻人比 1978 年上大学的我和我的那一代人机会要多得多。如上所说，今天的机会平台与我们那个时代不可同日而语，今天的社会公平机制建设也比我们年轻时有了长足进展。莫等闲，也莫空抱怨，相信海阔凭鱼跃，你就真的能跳起来。

坚定地买一支"中国股"，不后悔

老胡的身边最近有些悄然的变化。协助我写社评的小组，有三个小编在最近半年内买了房，或者把小房换成了大一点的房子。他们一人背了一身债，但都挺乐观。我真是为他们高兴，也为他们所反映出的社会信心而高兴。

国家公布了 2019 年一季度 GDP 增长数据，它是 6.4%，超出预期。工业生产和消费数据也都在增长，来自全球的分析普遍认为，中国经济正在企稳。

老胡觉得，现在不仅中国经济在企稳，而且我们国家在战略上也实现了企稳，人心更加稳定。

2018 年 5 月 10 日，胡锡进在美国硅谷圣何塞市，探望中学时代的老同学张健一家。同学找出 1978 年他们 18 岁时考入大学的照片（上图）。

2018 年中美关系突然恶化，伴随了一系列经济挑战。实话说当时不少人慌了，"年轻人这一辈子洗洗睡吧"，那样的悲观论调都出来了。美国的关税战会带来什么后果，超出了中国社会的想象力。另外国内民营企业出现了困难，导致了一些人对国家道路的困惑。改革开放真的在继续吗？舆论出现这样疑问。

一年下来，我觉得这两大块石头都在中国社会的心理上落了下来。美国的关税战、对华为的打压、军事压力都没有想象的可怕，原来美国就是这样的！没经历过与美国交手、搞不清美国究竟是"真老虎"还是"纸老虎"的年轻一代心里踏实多了。另外，中国采取了减税等措施，加大对民营企业的扶持，人们看到了党和政府面对新情况的调整能力，对改革开放将持续下去有了更多信心，形成了一波大的人心稳定。

我猜，历史回头看今天时，很可能会评论说，中国经受住了成长为世界大国初期的一轮重大考验。**大国实力强，但汇集的内外矛盾也多，哪个国家都不可能永远一帆风顺。在困难面前迅速稳住阵脚、一边克服困难一边前进的能力实在是至关重要。**

我认为美国一举压垮或者压蔫中国的战略企图已经失败了。中国展现了管控问题和风险、通过自我调整不断释放发展潜力的超强能力。

记得此前，中国股市在 2600 点并且继续下行的时候，我在的一个群里，一位很有名的经济学家呼吁大家买股票，他说他自己正在建仓、补仓，并表示他对中国经济很有信心。群里有悲观者嘲笑他，预言买了的人非亏不可。我当时要是听那个经济学家的，并且把他的话贴到微博上，就好了。

老胡在高中的成绩是第二名，第一名早早去了美国，在那里奋斗了三十几年，有了一份有房有车的正常生活。我属于更老实巴交的，在国内按部就班地混。我们两个人都属于努力的人，总付出应当说差不多。但我的综合收获，客观说比他要多一些。回想起来，我是稀里糊涂地买了"中国股"，他随着出国潮买了"美国股"。我们因此有了不同的命运。

老胡想说的是，坚定地买未来几十年的"中国股"，踏踏实实地在我们中国人中间"随大流"，并做出应有的努力，今天的年轻人将有很高概率活出他们到老胡这个年龄时"不后悔"的一生。

"两会"与党的会议合奏出
中国的政治主旋律

建设政治民主的主阵地

"两会"是中国政治大事，也是民意和舆论盛会，是中国全社会信息和思想一年一度的集合期。人民代表大会制度是中国根本政治制度，"两会"在中国所享受的关注度远远超出世界其他国家的议会大会，"两会"对中国特色社会主义的代表意义近年来愈发变得深刻。两会与党的会议合奏出中国的政治主旋律，这个国家的可动员性面临新一波的大范围激活。

十八大以来中国进入新的发展阶段，我们经历了一系列大事件，它们的每一件通常都被认为存在相当程度的政治风险。然而中国不仅走得很稳，而且在这期间形成了深孚众望、广受爱戴的"习核心"，这不能不说是整个国家和社会之幸，它构成了中华民族在这个国运竞争时代决定性的政治优势。

新中国的历史经验显示，国家繁荣与昌盛的精华期总是出现在核心意识与活跃的政治建设交相辉映、彼此促进的时候。缺少了强有力的政治核心，政治民主就会出严重问题，走向变形，甚至给国家长治久安埋下祸端。

中国既需要坚定维护政治核心的权威，也需要发展社会主义政治民主，这大概是中国政治体制一道真实的长期课题。 每年的"两会"与中央全会及党代会相互呼应，"两会"把党的路线和党的决策向全社会开展总动员，凝聚广泛共识，这在当今世界的确是别具一格，且贡献了大量探索性经验的重大政治实践。

人类社会的演进史可以看成是政治治理模式的探索过程，应当说，我们这方面已有的经验还不多。西方模式带来一个有限国家群体的现代化先行，受到大范围肯定和膜拜。然而现在，西方的政党政治陷入困境，该体制向世界其他地区的输出也出现实践层面的大量挫折，其他政治尝试因而受到重视。

中国体制无疑是非西方世界所有政治探索中最成功的，它提供的现代化动力造福了比整个西方世界还要大的社会人群，它的竞争力越来越彰著，成为人类社会治理多元化的新风景线。

发展是中国近代以来的最大主题，稳健是中国经历各种动荡和现代化进程中断之后最受推崇的政治秘诀。**无论中国社会怎么起伏变迁，都有着很深刻的中华烙印，无论支持还是反对"走中国道路"的人，事实上都处在中国特有的时代激流中，即使那些离开了中国的人，也有很多被牵着一步一回头，无法同中国自成一统的政治及文化重力场一刀两断。**

十八大以来的中国反腐败、经济转型、军队改革等等超出了所有政治家对"五年"这个时间段的想象力。它们能同时大刀阔斧地加以推进，而且国家政治稳定坚如磐石，这也几乎是人类治理前所未有的宏大样本。中国能平稳干成这么大的事，有声有色的中国崛起能刚柔恰当地嵌入这个世界，它们本身的示范意义就将是极其深远的。

让中国的政治自信得到更充分的建构和释放，"两会"不啻为中国建设政治民主的主阵地。

"两会"与西方议会哪个制度更有效？

"两会"在中国社会受到的关注远比西方国家的议会会议要高得多，这大概是因为西方议会是不同政党和力量打架、较劲的地方，而中国的两会是讨论和动员做什么事以及如何把它们做好的地方。后者离老百姓的关切显然要近得多。

西方舆论总认为他们的议会体现了真正的民主，这关系到对民主本质和目标的认识。对抗和竞争作为西式民主的形式逐渐脱离了它的使命，带动西式民主的不断极化。中国的"两会"则一直牢牢锁定制定当年任务，商讨完成那些任务的办法，以及把中国各种问题集中摆出来促进解决，这些都是国家政治经济各领域的当务之急。

笃信民主就是要通过对抗把分权、制衡推向极致的人，总觉得中国的"两会"不过瘾。而关心经济发展和各种社会福利进步的人则最期待"两会"能传出利好消息，带给人们对这一年更多的希望。这是无法调和的两个思路，其中哪一种做法更管用也更有效率，一段相对较长时间里中西方的发展对比是最准确的衡量尺度。

中国"两会"1959 年开始同步举行，"文化大革命"时一度停开，1978 年开始恢复，改革开放的黄金年份成为"两会"机制运行的高峰期。至少在后一段的 40 年时间里，中国"两会"所产生的实际效果、它们与中国经济社会发展的匹配度是给这一民主制度加分的。

每年的"两会"都会触及大量问题，其中舆论当时排在最靠前的关切也会从会议上的讨论和会议与社会的互动中体现出来，比如前几年腐败严重，环保形势严峻，在

"两会"的场内场外都得到充分反映。这两年经济下行压力较为突出，也引起代表委员和公众更加密集的注意。"两会"不会躲焦点问题，也没处躲。

中国的政治制度搞得好不好，西方的经验只能做参考，决不能与它对标。如果拿西式民主做示范照猫画虎，中国只会把自己搞成四不像，怎么做都"不达标"。中国必须咬住民主与法治的实际效果不放松，为解决经济社会发展的现实问题着力。我们要的是对中国人民福祉产生最好作用的制度，并且按照这一原则不断完善它。

不与西方制度对标，是指不能照抄照搬后者，当然也不意味着与西方的所有元素反着来，把中国的制度建设建立在西方制度的对立面。正因如此，中国同样强调民主和法治，它们不是虚晃一枪的口号，而是中国需要从本国的国情出发，认真加以构建完善的制度体系。

中国落实国家独立和主权的能力，以及执政党为人民服务的坚定宗旨，决定了中国终将把自己的政治道路越走越好，让人民过美好生活的愿望和意志不仅体现在国家的政治方向中，而且它们是不被敷衍的，被认真执行的。

中国这些年一直把不断提高人民生活水准这一老百姓最关心的领域作为国家政治经济运行的根本指南。2020年全面建成小康社会，就是它的体现。中国人会过得越来越好，这种好的含义越来越全面和现代化，这几乎成了改革开放以来中国政治经济运行自带的理念和目标。

每年的"两会"一定会面对当下最为突出的问题开展筹划，拿出相关决定和解决办法。国家今年的任务有多重，"两会"就将开得有多充实，这样的相关性是执政党的责任和使命，以及中国政治体制的性质所决定的。

世界为何高度关注十九大？

党的十九大吸引了全球目光。法国《世界报》2017年10月15日在头版打出"中国，强国崛起"几个大号汉字，里面用8个版讲述围绕这一主题的故事。《世界报》的这一做法是西方主流媒体拉开十九大报道潮序幕的缩影。

外界如此关注十九大的什么呢？世界看一个国家，除了领导人是谁，就是它的对外政策。一国的内政，外界能看懂的人往往不多，兴趣通常也有限。在中国，以习近平同志为核心的党中央在坚定领导这个国家，中国的对外政策也是大国中最稳定的。在世界媒体通常的报道领域中，中国是引起舆论波澜新闻不多的一个国家，那么面对十九大，全球舆论界为何又很兴奋呢？

它们在研究中国的路线，也就是中国制定政策的逻

辑，以此来评估中国能否成功应对各种挑战，使已经保持了几十年的强劲发展继续下去，以及中国接下来的发展情形会对世界力量格局产生什么样的影响。这是 21 世纪国际政治的根本问题之一，而能够为此提供最可靠、也最有价值信息的，非十九大莫属。

世界见证了中国的快速发展，也领教了中国共产党一边领导国家一边不断自我学习的能力。然而还是有一些疑问或者好奇，以及微妙心态在外界挥之不去，包括之前的各国发展都有明显起伏周期，中国会是例外吗？社会主义苏联的竞争力从盛到衰，最终输给了美国，中国用什么避免重蹈覆辙呢？中国的改革开放时至今日也积累了很多问题，中国有把握不让它们成为埋自己的土，而把它们变成自己继续成长的肥料吗？

这些重大问题可以说从十八大之前就已不断浮现，最近五年中国一直在解决具体问题的同时，不断回应那些"大"的关切。应当说，时至今日一些重要答案已经初现轮廓。

首先，中共的领导力得到新的巩固和加强，国家的政治路线更加清晰，更加扎根在全社会中。过去一些令中国社会困惑的问题得到空前的厘清，国家的方向感明朗，且深得人心。

第二，中国的综合国力建设与民生建设及生态建设形成前所未有的兼顾与平衡，中国不断变得更有力量，而让这个过程最大化地被全体人民分享成为整个国家的价值取向，中国崛起与人民获得感的同步上升形成契合。

第三，市场、科学技术进步、创新这些现代社会的驱动性要素以及法治、公正、廉洁这些确保稳健的要素都受到高度重视，在中国体制中逐渐各就各位，构建起中国的强度和韧性。各种中国"崩溃论"煞有介事，但它们自己都崩溃了，很说明问题。

第四，在国际上，过去的五年是中国崛起与外界相互适应形成了最大信息量的时期。中国已然是世界第二大经济体，我们有合理的利益延伸，同时有照顾外界感受，把中国崛起变成双赢、多赢和共赢的强烈意识。今天的中国比五年前更强大了，但在主要方向上中国与世界的合作都更紧密了，绝大多数双边问题和矛盾都受到更好的管控，围绕中国的"一带一路"倡议形成了当今世界最大的发展合作集合。

一个中国继续保持强劲发展的趋势正在形成，中国发展造就世界多赢格局同时成为趋势也颇具希望。这一切的确定性，是世界最关心的。中国自近代以来从未像现在这样手里拿着一张写满整个人类关切的试卷，中共责任重大，十九大责任重大。

从十八大到十九大，新时代不会失约

从十八大到十九大这五年，中国发生了伟大的历史性变革。我们之所以用"伟大"这个词来描述那些变革，不仅是因为那些变革十分深刻，对党和国家的命运有着决定性的意义，而且因为实现它们的过程非常稳健。更重要的一点是，这些变革给今后的中国积蓄了能量，使十九大后的中国迎来新的飞跃成为可能，并且广受期待。

到十八大之前，中国实现了持续的高速增长，但大量问题也在不断积累中。**实际上，世界不少国家经历过阶段性的经济增长爆发，但大都输在了解决不好经济增长伴生的严重问题上，导致高速发展被社会动荡或者突然的停滞所取代，整个国家的现代化成了"烂尾工程"，从此再无后劲。**

中国这五年调整和理顺的规模非常浩大，身处其中时，中国社会上不乏困惑和紧绷感。但是今天回头一看，这个国家所实现的整理、蓄能如此清晰，我们很庆幸自己那样走了，并且走过来了。

很多人当初的确没有想到，腐败能像我们现在看到的样子被遏制住。还有社会公正，一直有流行的观点认为，它是专门用来哄老百姓的口号，不可能成为整个国家认真严肃的价值诉求。另外经济的粗放增长几十年来一直如此，"蹲在垃圾堆上吃红烧肉"，中国人好像就这命，而且不管在哪吃，能有肉吃就不错了。

在不少人看来，中国的繁荣注定就是"很脏很乱很开心"的大杂院，即使出现粗放发展不可持续的警报，我们也可以有"船到桥头自然直"的乐观与从容。改变？万一变错了、失控了怎么办？实际上，无论中国激进的还是保守的论战者，对中国这五年发生的巨变当初都无法预见。

然而以习近平同志为核心的党中央下决心发起了全面深化改革。**只有在回首时我们才理解了，这场改革其实超越了人们对传统"经济改革"或者"政治改革"的认识，它是中国在跑动当中战略性姿态的重大调整和转换。**

全世界的改革大都是短跑，很多国家刚一起跑就扭了腰崴了脚。从十八大到十九大的这五年把中国的改革从先人一步的成功短跑真正变成加注了后劲的长跑。如果短跑我们都能赢出距离，接下来的长跑必将无人能出中华之右。

这五年中国把人类历史不曾记录过相同力度的反腐败，与以协调市场和政府关系为中心的经济体制改革、以法治建设为中心的社会建设同时推进，政治和理想的旗帜被进一步高高举起，以人为本的原则渗透进国家事业的方方面面。说实话，这么大的变革量居然在五年内完成或者

44

展开了，而且总体看它们进行得如此有序，党的威望更高了，社会的凝聚力更强了，人民对未来更有信心了，这样的综合态势对高速发展的大国比什么都宝贵。

中国外交在这五年当中也有与过去不一样的经历，中国特色的大国外交很好地把控了与世界磨合的过程，中国的战略空间没有因为崛起而出现撑破的危局，新的宽裕与中国力量增长同步扩展。在中国倡导和努力下，我们与其他大国共同远离"修昔底德陷阱"的希望比大家掉入那个陷阱的风险增加得更快。

绝大多数中国人在过去五年的生活变得更好了，在衰退导致民粹政治风行全球的今天，这很难得。更可贵的是，几乎所有中国人都相信，十九大将开启中国一个新的时代，持续的经济中高速增长、人民更有质量的生活、更好的精神文明和更优秀的社会治理将是那个时代的基本特征。过去五年为那个时代的到来做了充分准备，那个时代不会与我们失约。

新时代的中国会是什么样的？

党的十九大报告宣告中国特色社会主义进入了新时代，描绘了中国分两个阶段到 2050 年建成社会主义现代化强国的蓝图。那么从外部世界最关注的那些角度看，新时代的中国会是什么样的呢？

在十九大报告里可以找到很多这一答案的线索。除了到 2050 年中国综合国力和国际影响力领先，包括拥有一支世界一流的军队，他强调了中国开放的大门不会关闭，只会越开越大；中国永远不称霸、永远不搞扩张；坚持和平发展道路，推动构建人类命运共同体，等等。

这一切传递出的强烈信息是，新时代的中国是致力于和平、合作、共赢的大国，中国决不会走传统大国崛起的老路，到中国建成社会主义现代化强国时，它绝不会成为一个帝国。

国家走向强大的过程肯定会向外释放影响力，中国释放影响力的方式其实通过"一带一路"得到了呈现。它不含有对抗性，而是创造了互惠包容性。"一带一路"将会穿越中国的新时代，成为中国与世界在未来几十年里共享发展的超级平台，使中国的社会主义强国建设与世界各国的利益相融相通，形成共赢。

按照传统地缘政治观点，中国成为世界一流强国，必然以其他大国的衰败为代价，但是中国显然有决心让这样的视角随着传统地缘政治的瓦解而失去意义。传统地缘政治的核心信仰是零和思维，是国际政治权力的不可共享性。但是中国历史是一部融合史，与世界实现利益兼容是中国真实的追求。一些西方人对人类命运共同体的概念可能一时理解不了，但是中国社会很容易搞懂它。不仅整个中国"和"的哲学在支持它，实际上现实国际政治也出现了打破零和博弈的一些端倪。比如中美关系就是人类历史上从未有过的大国关系，两国虽然仍然相互防范，互信不足，且时有摩擦，但是两国相互适应性增长的比对抗性要快得多，合作一直在两国间实现净增长。

现代国家的利益叠加范围很大，但是各国，尤其是大国真正的核心利益线其实离得挺远的，利益叠加区的摩擦并非不可调和。这两种不同的情形需要逐渐厘清，随着国际机制和国家间双边沟通渠道的增多，中国与其他国家管控分歧的能力也会是逐渐增加的。

中国已经约 30 年没有与任何国家发生军事冲突了，随着中国军事上日益强大，我们避免遭遇战争的能力亦将更强。中国决不会主动以军事力量压人，而外界对中国发动军事挑战也愈发变得困难，中国走向社会主义现代化强国的过程同时是共赢原则获得世界普遍接受的过程。

谁来"养活"中国这种规模的现代化社会？类似问题早在中国发展进入快轨道不久就有人提出来了。但迄今这没有成为问题，未来也不会。中国已经走上低消耗发展之路，科技进步加速爆发，全世界注定都要走向现代化，现代化不会是零和的，世界有让整个人类过上富裕生活的空间。

进入新时代的中国将拥有牵引全球经济的更大动力，更加自信的中国也必将对化解亚洲及世界的各种问题做出更多贡献。从这个意义上说，新时代将不仅是中国的，它将向世界做出建设性的外溢，不断维护、带动世界的和平与繁荣。

划时代的伟大思想建构

十九大通过了关于《中国共产党章程（修正案）》的决议，习近平新时代中国特色社会主义思想被写入党章，这是中共继往开来、与时俱进的大事件。

这意味着中共领导国家和人民前进有了新的指导思想和行动指南，党在思想上与这个时代更紧密了，与今天的人民群众更休戚与共了。党不会高高在上，不会推卸责任，它将与中国特色社会主义新时代荣辱与共。

中国共产党当初成立时，中国充满苦难，处在近代以来国家命运的最低点。中共从欧洲引入马克思主义，一方面高举它的旗帜，一方面在九十多年的历程中不断致力于它的中国化，使马克思主义在中国得以真正扎根，对中国革命、建设和改革给予符合实际的、强有力的指导。

从毛泽东思想，到邓小平开辟的中国特色社会主义理论，再到习近平新时代中国特色社会主义思想，都是马克思主义中国化的重大成果。它们不仅促使中国一气呵成地走上社会主义道路，而且确保了这一道路在世界大变局时代的延续性，同时保障了中共在每一个时期都能针对当时的挑战充满战斗力，用不断夺取胜利积累中国社会主义事业的强大。

中共在一个曾经很落后的国家开创社会主义伟业，而且大获成功，一个重要原因是它既不忘初心，又能做到与时俱进，它同时克服了历史虚无主义和教条主义，真正做到了实事求是，从而使自己的生命力不是在漫长实践斗争中反复消磨、损伤，而是不断生长、扩容，挑战越严峻，它就变得越坚强。

习近平总书记领导国家进入了新时代，这个时代的中国有了前所未有的力量基础，但是国家承受的综合压力也是我们从未见过的。如何解决新时代的各种重大问题，如何使用好中国的力量，怎样建立起全国人民与这个时代任务所适应的集体自信和凝聚力，又该怎样化解外部世界的担心，使得大国之间的共赢真正成为超越传统地缘政治经验的现实，习近平新时代中国特色社会主义思想将指引我们对这一切开展认识，做出研判。

有一段时间，国家发展很快，但社会上时不时因为一些事情人心惶惶的。对国家该举什么旗，走什么路这些根本性问题，都出现纷纷议论。十八大之后，情况出现强有力扭转，我们相信，十九大之后，有了习近平新时代中国特色社会主义思想指导全党和全社会，中国将与那样的情形彻底说"拜拜"。

中国是超大社会，形成全国一盘大棋很不容易，地方或者某个领域的危机历史上多次扩展向全国，造成颠覆性后果。**中国的凝聚力仅靠制度杠杆是构建不起来的，强大的指导思想是这个国家团结的基石，也是这个超大社会不迷失方向、长期保持旺盛斗志的生命线。**

习近平新时代中国特色社会主义思想载入党章，是党从十八大到十九大，并继续迈进新征程的划时代的思想建构。中国人都懂得，这对党和国家具有多么重大的意义。大国决不可只是散沙堆起来的庞大，它必须是钢筋混凝土的那种屹立，习近平新时代中国特色社会主义思想让新时代的中国顶天立地。

十九大注定是中共和中国的再出发。领袖的英明与党的伟大必将带来国家的繁荣昌盛，转化成人民的美好生活。中国的这个大逻辑将深刻影响我们所有人的人生。

香港的年轻人，别让政治"聒噪"耽误了"赶路"

回归 20 年看香港的今天

2017 年的"七一"不同往常，香港已经回归 20 周年。习近平主席莅临香港参加庆祝活动，增加这座城市的节日盛大气氛。香港回归是中国复兴的大事件，是中华民族重新书写命运的一个里程碑。

然而香港作为一个多元社会，其中会有少数人把回归 20 周年喜庆日子当成搞另类政治表演的一个机会。他们要借这个日子展示对抗姿态，以此凸显自己的存在，争取捞一些舆论的关注。这是他们在香港社会体制中的生存之道。

那些人总是叫嚷香港的自由受到了"威胁"，宣称"一

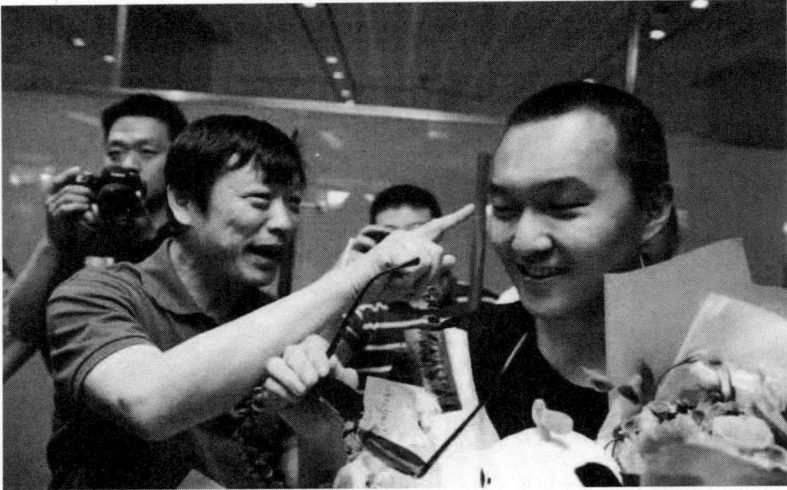

　　2019 年 8 月 17 日，环球时报记者付国豪从香港回到北京，脸上被"暴徒"殴打留下的疤还没好。胡锡进去机场迎接他和另一名赴港记者王雯雯

国两制"已经成了"一国 1.5 制"。但那些人一边恶意取闹着，一边实际在打自己的脸。因为谁都知道，是"一国两制"保持了香港的资本主义制度，使得那些人可以充当反对派。只是他们这些极端反对派从一开始就学歪了，搞得很像政治流氓。

那些人试图在"七一"前后与主流社会庆祝活动唱反调。如果他们就是搞些泛泛的无异于"行为艺术"的抗议表演，不会有人愿意搭理他们。一旦他们越线，自有法律找上门去。

无论如何，那些人影响不了香港回归 20 周年的盛大庆典，也影响不了香港和内地社会的喜悦心情。那些对香港回归都要做些文章的人，不是一般的反对派，他们太边缘了，站到了历史潮流的对立面，因此他们真的要成为被宏大乐章淹没的几声杂音。

还有人很诙谐地打比喻说，香港回归 20 周年犹如打开一瓶香槟酒，极端反对派所做的另类表演就算冒出来洒在地上的泡沫。

如何看回归 20 年后香港今天的情况，众说纷纭。在我们看来，回归进程总体上很成功。**主权和政治权力的过渡都实现了，香港与内地的经济和文化联系更加紧密，中央政府牢牢掌控着整体局面，而香港也在这期间继续保持了作为金融中心的繁荣。**

至于这几年发生的波折和争议，大约都将被大历史忽略。香港一些激进人士骂"一国两制"，殊不知他们自己也离不开"一国两制"。在政治上，他们绝对属于"端起碗吃肉，放下筷子骂娘"的一种人。历史同样将把他们的搔首弄姿淹没。

香港极端反对派如今常把矛头指向中央，实际上他们对内地毫无威胁，由于他们就是"一国两制"下香港社会高度自由的表现，他们也威胁不到"一国两制"本身。但他们有点乱港，添了不少让香港社会头疼的麻烦。因此如何减少他们的破坏力，还需要香港社会多下工夫。

内地与香港实行不同的政治制度，就如何处置少数激进人士对社会秩序的挑衅，内地社会并不熟悉。香港享有司法终审权，用法律约束那些人，大概是特区维持自身繁荣稳定必须承担的重要任务。

既然极端反对派喊挑衅中央的口号，就以为他们是"中央的麻烦"，这种错觉香港社会一定要克服。那些人最终扰乱的是香港社会的心绪，使那里的人们无法集中精力追赶世界经济的潮流，他们还搞得一些人误以为香港的美好明天会被送上门来。

"七一"是庆典时刻，也是思考的良辰。内地前些年那么落后，一苦干都变了。香港的条件要好很多，又有中央和内地的全力支持，用前途似锦来描述一点不过分。在几乎没什么基础性指标输给内地城市的时候，香港社会应当信心百倍。只要不被少数人忽悠了，大家肯干，肯吃苦，香港的卓越地位就一定能够长期保持下去。

在政治上撒气，只会贻害自我

在庆祝香港回归祖国 20 周年大会上，习近平主席发表重要讲话，提到了"底线"，他说：任何危害国家主权安全、挑战中央权力和香港特别行政区基本法权威、利用香港对内地进行渗透破坏的活动，都是对底线的触碰，都是绝不能允许的。

实际上，经过近年的几场风波，香港越来越多的人正在逐渐摆脱激进反对派对"自由民主无底线"的误导。前几年少数人鼓动挑战基本法和中央的权威，试图由他们来解释基本法，设计政改方案，但是没有成功。"占中"导致香港治安的混乱，干扰了城市的发展和市民生活，但是并没有实现激进反对派的目的。个别当选议员在宣誓时亵渎誓词，真的就被取缔了议员资格。这一切香港公众都看在眼里。

大家一起筑牢政治底线，坚决反对少数人触碰底线，这是确保香港高度自治的空间不被扰乱的重要前提。这个道理正被香港社会在实践中越来越清晰地悟出。

香港在跟着国家一起往前走，反对派不断提高自我质量、加强依法从事政治活动的能力很重要。现在的问题是，反对派的集体素质有下降之势。如今香港反对派中出了一些小青年，他们政治上不够成熟，为吸引眼球怎么激进怎么来，热衷打"港独"擦边球，从而在政治上给香港制造了新的麻烦。

回归之后，香港的根本问题是发展，制造耸动的政治议题对这个城市没有好处。随着全球经济形态和格局都在变迁，几乎所有国家、地区、行业都在面临挑战，香港也不例外。

这 20 年香港实现了进一步的发展，人均 GDP 从 2.7 万美元上升到 4.5 万美元，进入世界前列。然而面对世界经济的变局，香港如何以变应变，这的确是不轻松的考卷。将经济问题拿来在政治上撒气，从长远看只会贻害自我，耽误了赶路。

过去的香港犹如一个"大中介"，它既是内地与西方的"政治中介"，也是"市场中介"。随着中国内地对外开放，香港的中介作用势必淡化，尤其是内地市场与世界市场大规模连接起来，香港的市场中介空间严重萎缩，这个趋势是无法逆转的。

然而香港的独特性尚存，"一国两制"确保了它不会内地化，它可以建设性地继续扮演中国内地与西方的"政治中介"角色。由于与内地经济的进一步融合，它发挥亚太金融中心作用的条件更加充实，新的机会也将更多。

香港需要尽快摆脱政治纷扰，把精力重新凝聚到保持经济活力上来。需要看到香港民生面临的问题，比如房价高企、年轻人找工作困难等等，都不是香港特有的，而是发达城市的通病。但是背靠祖国大陆，香港解决这些问题是具有潜在优势的，香港需要想方设法把这些优势不断开掘出来，而莫让少数人鼓动的政治议题分散了精力。

香港是座前途无量的城市，最重要的是那里的年轻人别让极少数激进分子和西方舆论给忽悠了。大家一定要用自己的头脑思考，立足香港现实，争取、拼搏美好的未来。

西方想把香港变成对中国大陆施压的新的杠杆

随着中美贸易摩擦加剧，美国参众两院重提《香港人权与民主法》。该法的核心意思是要求美国政府每年认证香港的自治状态，主要是检视香港的人权和民主标准，从而决定是否维持香港所享有的特殊待遇，这个待遇的核心是把香港作为一个独立关税区来对待。

换句话说，目前的中美关税战对香港不造成直接影响，但如果取消香港的独立关税区待遇，情况就会发生变化。

老胡要说，美国国会的做法非常阴毒，他们要把香港变成对中国大陆施压的新的杠杆，同时挑拨香港民众对内地社会的怨气，制造北京威胁到香港独立关税区地位的印象，给当前的香港局势火上浇油。

自从香港回归祖国以来，西方政界整体上就从没有真心为香港好过。打个未必很准确的比喻，香港是中国的孩子，但它因种种原因被英国以及西方强行"领养"了很多年。当这个孩子要回到亲生父母身边时，养父母如果真正关心这个孩子，会怎么做呢？

第一，给这个孩子随身带过去一些好的条件。我们可以善意地想，中英当年有过的谈判中，英方或许有这个意思，尽管实际上英方最关心的是如何在香港保存它的利益。"一国两制"实际上就是尊重了香港的"被领养"经历，基本法赋予香港社会的民主条件要远大于港英时期的所谓民主。要知道，那时的港督是英国派来的，而今天的特首是差额选出来的。今天的香港民主、政治自由也远大于英国前殖民地、独立的新加坡。香港舆论对特区政府的批评自由是新加坡舆论对待李氏政府绝不敢奢望的。

第二，养父母在孩子回到亲生父母身边之前和之后一段时间，该怎么对这个孩子说话呢？如果真心爱这个孩子，一定会告诉他，要好好和亲生父母相处，要适应新的环境。爱这个孩子的人会撺掇他"跟他们死磕"吗？

但是英国从一开始就是这么干的，末代港督彭定康在离开香港时制造了一系列香港与中国内地冲突的茬口。香港回归后，美国不断加强插手香港事务，鼓动香港与中国内地闹。**这样的挑拨煽动反映了一个基本的心理：既然香港不是西方的了，那么就把它变成一个中国的麻烦，香港乱了，毁掉了，难受的是中国，又与西方何干？**

现在美国国会又制造出取消香港独立关税区的机制性威胁，这就好比美国把香港作为一个婴儿举起来威胁中国大陆：不答应我的条件，我就把他摔了。它在毁香港，却要置中国大陆于"不仁不义"的位置，真是其心可诛啊。

老胡还要从利益的角度再次说：今天只有中国大陆与香港的利益是真正绑在一起的。香港就是大陆身上的一块肉，我们真心盼香港好。看到香港出骚乱，我们的心很疼。但是我敢肯定，美国那些议员们嘴上说被香港人"感动"，但他们心里乐开了花。他们唯一遗憾的是：香港怎么还没有出流血事件啊？他们巴不得接下来哪一天香港的街头就能见血，他们等那一天都快等疯了。

今天的世界局势在深刻变化，美国已视中国为头号战略竞争对手。华盛顿哪还有心思真正关心香港社会的福祉，谈到香港时，他们满脑子就是如何通过这个地方进一步牵制中国。这个时候香港民众如果不充分警惕华盛顿的这一考量，他们就很容易掉进美国的陷阱，做了美方遏制中国的炮灰。

如今到了香港社会与中国内地社会真正团结起来，共同对付美国战略阴谋和操弄的时候了。我们不能让美国的离间得逞，不能让它坑害香港找到缝隙和借口。我们要共同打好香港繁荣的保卫战，这不仅是香港民众、也是全中国的利益所在。

请香港同胞们擦亮眼睛，别上美国政治精英们的当，别被香港社会上少数激进反对派绑架。内地社会与香港同胞血浓于水，面对国际上大风大浪时，除了众志成城，我们别无选择。

真正最关心香港命运的是中国内地

大陆有谁愿意香港失去它的资本主义特色，变成一个与内地很像的城市吗？反正我不愿意。我希望坚持"一国两制"，香港保持它以资本主义制度为基础的独特社会风貌。我觉得那样的香港才有意思，值得内地人去看，把它内地化，中国会失去多彩的一个维度。

我相信这是大多数中国内地人的想法。香港反对派不断宣扬北京要打压香港的这个自由那个自由，要让香港变得和内地一样，香港人的现有生活方式将不保。这种说法不仅与"一国两制"的基本原则南辕北辙，也与内地社会的对港心理严重不符。不知道他们的危机感是从哪儿来的，真的还是假的，但他们的确是在吓唬香港的一些市民。

西式制度鼓励政治对抗，并很容易让政治对抗极端化。我很担心香港一些人在这个问题上跑偏了，把西方社会的对抗游戏搞成真的对抗，从而破坏了香港作为金融中心的大环境，给城市的未来蒙上阴影。

请注意，西方社会的政治对抗是会随着选举的节奏张弛变化的，所以它们在某种意义上说就是社会平衡的一种"游戏"。但是在非西方社会，政治对抗经常搞得往牛角尖里钻，酿成了对社会治理机制的重大冲击，甚至悲剧。香港在这个问题上千万不能不自觉地也钻了牛角尖。

香港既然奉行资本主义制度，出现各种西方社会的表现就都是正常的。但一定要玩得进去，还要玩得出来啊。这是老胡作为一个内地观察者对香港社会真心捏的一把汗。

这个世界上，在香港社会之外，真正最关心香港命运的，就是中国内地。因为香港是中国身上的一块肉，香港的好坏与我们有关系，香港越来越好，是整个国家更加和谐的题中之义。其他地方，人家凭什么盼香港好呢？台湾巴不得香港衰落，以证明它"拒统"是正确的。美国就是关心如何把香港变成对北京施压的新杠杆，如何用香港事务找中国的麻烦。至于英国，他们的感情也很复杂，可能有一丝旧情未了，但如果香港比被英国殖民时更好，好很多，伦敦会舒服吗？

香港人一定对老胡说的这些有个基本判断，千万别被西方的政治精英们忽悠了，别被香港的政治游戏逻辑绑架了。"一国两制"是新事物，遇各种问题时，都要商量着来。千万别冲动，不要被人带向极端。如果香港失去了稳定，搞激进政治的人能算出自己的收益，西方的政客们都是看热闹的，幸灾乐祸的。到时候损失最大的是香港市民们，最心疼也最无奈的将是中华民族的这个集体。

中国的国运不能依赖美国的善意

中美建交 40 周年感想

2019 年 1 月 1 日是中美建交 40 周年，老胡写点感想。

1979 年 1 月 1 日，我在南京解放军外国语学院读书，学校在郊区，校外就是农村。我记得很清楚，中美建交的消息传来，学校外面沙土路上有一队稀稀拉拉的农民敲锣打鼓庆祝。那个时候中国农民的信息来源很少，但他们居然知道中美建交对中国是很重要的一件事。

时隔 40 年，中国发生天翻地覆的变化，中美实力差距也比 1979 年时大为缩小了。但是中美关系还像 40 年前那么重要吗？老胡想说，是的，它依然很重要，尽量将中美关系保持在一个健康状态对中国从外交到内政都具有全局性意义。我觉得，与我有相同认识的国人是大多数。

63

　　过去 40 年，美国对中国改革开放取得成功总体上扮演了积极角色，是中国经济社会发展最重要的外部动力之一。中美当下有很多摩擦和冲突，其实摩擦这 40 年中就没有间断过，但即使如此，也不影响老胡前面提到的判断。为什么说中美关系的性质会影响中国内政呢？举个例子，中美关系好，中国社会内部就容易宽松。如果中美敌对，中国社会内部治理更容易趋紧。

　　当然，当中国成为世界第二大经济体，并且被美国定义为其头号战略竞争对手之后，如何保持良好的中美关系，甚至良好的中美关系是什么内涵，都会发生变化。比如改革开放初期，中美是共同对付苏联霸权主义的"准盟友"，"冷战"结束后，美国总体上也将中国作为重要经济合作伙伴，对华采取全面接触政策，而现在美方对华的战略认知发生急剧转变，中美关系已不可能恢复到过去，中国发展到世界老二的位置，就要既来之则安之，不能患得患失。要在新的全球力量格局中把握好中美关系，实现两国关系新的建设性。

　　我们要清楚，中美摩擦肯定会越来越多，关键是中国要坚定致力于与美方共同管控好双方的各种摩擦，避免它们的失控。

　　客观认识中美摩擦的性质至关重要。美国确有一些"坏人"，他们"亡我之心不死"，可不是夸大其词。但他

  2018 年 2 月 2 日 7:27@ 胡锡进微博："在华盛顿，约翰·霍普金斯大学高等国际问题研究院，与卜道维（David Brown）、葛天豪（David Keegan）教授深入沟通朝核问题。我谈到，一个韩国高级代表团在北京告诉我，他们 100% 反对美国对朝鲜发动先发制人的军事打击，另外，韩国在这件事上做美国 99% 的主。两位教授回应说，特朗普总统是那剩下的 1%。不过他们表示，一旦特朗普下决心军事打击朝鲜，那 1% 就会变成 99%。"

们的这份贼心，在利益至上的美国并不总能充分施展，做不到成为美对华政策压倒一切的目标。美国实际对华关系的面貌要复杂得多。

美国对华挑衅既可能战略上"来者不善"，也有可能是就事论事的利益之争，还可能一开始是模糊的，但逐渐就变了。比如美国对华贸易战和技术封锁，它们的性质需要由未来的中美关系来确定。美国确实有一些精英将贸易战当成遏制中国的必要组成部分，但他们给出的只是其中的一个路标，我们必须看到，历史有着多种可能性。

中国要运用好与美合作与斗争的两手，不能怕斗争，更不能把斗争当成目的，用斗争促合作，应是中国坚定的对美关系哲学之一。我们的终极目标应是与美共赢，而什么意味着双赢、共赢，这需要中美不断通过战略沟通塑造共识。

中国已经积累了巨大实力，它们可以支持中国与美斗争，也可用来巩固合作的选项。我们要有信心，新冷战不是美方一些人想搞就能搞起来的，中国有瓦解美对华新冷战冲动的足够能力。只要我们坚决对新冷战说NO，新冷战就打不起来。在美方一些人妄谈新冷战的时候，我们绝不能跟着冲动，帮助、配合那些美国激进势力将新冷战坐实。

在新的形势下，光重视中美关系是不够的，一味软弱让步也不是办法，维系中美建设性关系既需要决心也需要智慧，老胡希望并且相信，这两点中国都不缺。

中国崛起后，将挤占多少美国的空间？

现在中美形成了严重程度自上世纪 70 年代以来前所未有的战略互疑。美方深信，中国下决心挑战美国，经过一些年的努力，从经济总量到科技实力全面超越美国，最终成为统治世界的新霸主。中方则越来越相信，美国的战略目的是要遏制中国的发展，甚至要搞垮中国。不难看出，双方的冲突涉及了中美未来国家力量对比这一根本问题。

跳出两国的具体争论和摩擦，展望一下未来，30 年、50 年以后中美力量的格局会是什么样呢？甚至我们可以设想一下 21 世纪末的情形，至于更远的事情，实在不是当代人应该伤脑筋的了。

中国有一个 2025 计划，我们还提出到 2050 年时建成社会主义现代化强国。建设强盛的国家，这是中国人一个多世纪以来的梦想。在大多数中国人的愿望中，现代化强国首先应当是不再被欺负的，而且不再受制于人，科学技术也应该是先进的。但它应该先进到什么程度，中国从没有过量化的指标规划。在中国社会甚至没有人做过一般性的预测。

我们也无法预言中国几十年以后会先进到什么程度，但我们根据对中国基层社会的广泛了解和认识，更容易预测中国做不到什么，通过一些"负面清单"看中国未来几十年现代化的轮廓。

首先，我们认为，中国的 GDP 总量将会成为世界第一，但是人均 GDP 直到本世纪末很难跻身世界前列，50年内如果能够达到美国等主要发达国家的一半，就是不错的。原因是中国人口太多了，资源等因素会到一定时候形成人均 GDP 增长的瓶颈。

第二，中国的科技创新能力以及流行文化的创作能力，在未来几十年肯定会有长足进展，流行文化的区域影响力尤其将恢复到与国家地位相称的水平。但是放眼全世界，中国的这些能力要赶上美国将有巨大难度，在制造业中美欧日各领风骚的情况下，美国很可能保持这两个重要领域的全球优势地位。

关于这一点我们要多说一些。**科技创新能力和流行文化的创作都需要想象力的充分释放，而这不是中国传统文化的强项**。中国人需要承认，我们从孩童时代起，直到终老，都被鼓励把国家利益、集体主义放在个人利益之上，这形成了中国社会的某种长处，中华文明的源远流长且从未中断，大概与此有关。然而得失往往是平衡的，对各种创意产业至关重要的个性化的东西在中国受到的鼓励就没有在美国社会受到的鼓励多了。中国也因此很难轻易成为当代世界最大的创意中心，引领全球的科技发展和消费时尚。

除了想象力的问题，科技产业创新需要社会现代化水平的支持，而中国现代化全元素的普及程度太低，我们因此还会有相当长的时间难以成为新兴科技产业的超级孵化地。流行文化的创作需要社会的极大包容，多元化是必不可少的，而中国社会里敏感的领域太多，从官方到企业再到个人，对多元文化的接受程度都低于西方社会，因此我们与美国开展流行文化的竞争，是用我们的弱项搏它的强项，属于逆风船。

举个华为的例子，它堪称是中国最成功的新型高科技公司，它 5G 技术的某些研发也走在了世界前列。但是请注意，华为还不是从 0 到 1 的真正意义上的高科技领军者，它的作为是在美国推动的科技创新大潮的惯性中实现的，是在那种惯性中的相对独立的再发力。整个互联网通信技术的模式是美国启动、构建的，智能手机的概念和形式是苹果创出来的，华为作为一家中国公司做到了最棒，而且拥有了不低于美国某一单家公司的竞争力，但它囿于中国目前的基础环境，还很难创造全新的技术及产业形态。

再来看看日本。它的现代化已经与美国处在大体同一水平上，但它不是世界科技和流行文化的引领者，它在美国主导的大框架下实现了一些具体领域的深耕，大体跟上了美国的创新节奏，有一些零星的、但未成体系的创造。它的流行文化符号的号召力很难说赶上了法国、英国。

总的来看，中国过去是靠人民勤劳、政府组织力强、超级人口规模导致的市场潜力巨大而不断崛起。现在，中国的科技进步正在为了与经济发展相匹配而补具体的短板，但离形成科技创新的体系性能力还有极其漫长的路要走。

第三，来说说国防。随着中国经济和科技实力的发展，中国的军事实力亦将提升。但是中国很难建设美国那样的全球军事基地网络了。中国一般性建设南沙岛礁遭到这么大的阻力，在海外的商业港口建设亦遭到种种阻挠，可想而知如果中国在海外建立真正意义的大型军事基地，将会带来什么样的震动。而在缺少军事盟友和海外基地的情况下，中国的军事力量注定是战略防御型的，无法与美国开展全球军事竞争。

根据以上粗略的分析，我们认为，中美未来将是各有千秋的两个大国。中国的经济规模将越来越大，成为全球最大的大宗商品和高科技产品的消费市场。美国仍将是全球创意中心和引领性新兴产业的最大发祥地，它也将继续是流行文化产品的最大出口国。在政治和军事上，美国与其他西方国家有着中国取代不了的纽带，它的结盟能力亦非中国可比，这将弥补它因中国崛起而损失的部分安全感。

整个 21 世纪，大概出现不了中国的实力全面压倒美国的格局。中国的规模性实力会越来越强，GDP 最终将大于美国，但那些规模性实力很多是重复性的，并不都能转化成为国家竞争力。而美国在世界科技创新和文化创新中的领导角色将长期难以取代。对此中美双方都需有清醒的认识。

中美两国都是伟大的国家，它们理应成为人类社会前进的双引擎，彼此从既竞争又合作中不断获益，而不是因为双方是世界的两强就注定打得头破血流，让两国人民蒙受本不应经历的苦难。这是理性，但它很难仅仅通过几次对话就"谈"出来，而有可能需要一些"不打不成交"的经历和经验。但我们相信，这样的理性终将成为穿越中美关系复杂事态的主线。

中国是一个高调的国家吗？

中国被美国战略上盯上了，各种打压接踵而至。中国人的反思意识强，遇事先琢磨是否自己不对，于是就有些人想：如果我们更低调些，再多藏着掖着一些，是否就能够避免招来美国的遏制呢？

应当说，喜欢反思不是坏事。低调永远是中国战略考量的一个值得重视的思考方向。

与此同时，我们必须搞清楚一个基本的事实：迄今为止，中国是一个高调的国家吗？

平心而论，我们不是。

举个简单的例子，国际战略界大多认为，中国已经完成了东风41战略导弹的研制工作。但是直到今天，中国官方从未正式谈论过它。外界极其罕有的东风41运载车辆照片都是军事发烧友拍到的，无法证实。中国的习惯是，战略导弹成熟列装后才找一个机会拉出来正式亮相，研制过程概不论及。

还有，除了在大连建造的一艘中国国产航母有正式的下水消息，其他航母只要不下水，中国都不会主动提。外界对中国的意见常常抱怨我们"不够透明"，而不是中国用战略武器恐吓他国。

要是其他国家，有什么有力量的东西，早就吹出去了。恨不能杀手锏还在图纸上，或者刚焊上第一块钢板，就要拿出去产生战略威慑力了。中国的内敛是根深蒂固的，对战略力量的展示程序至今没变。

中国在南海建设岛礁，是向世界翘鼻子的事情吗？中国一直是南海上的低调者，我们完全有能力把"九段线"内被别国侵占的岛礁夺回来，但一直克制着。某国在1999年5月9日，借中国驻南联盟使馆头一天被炸，趁火打劫，把一条破军舰搁浅在南沙的一个中国岛礁上，咱们忍了这么多年，一直劝它把船拖走。中国在南沙扩建的都是处于咱们自己目前控制下的岛礁，没有为此把菲越控制的岛礁夺回来。而且建完岛礁后，也不向上面部署进攻性武器，只有一些防御性武器。

美国在世界到处建军事基地，随便就在盟国增加军事基地，增派军队或者部署威胁中国的新武器。比如它在菲律宾、新加坡、澳大利亚这些年都有新增军事部署。大家说，与美国遍布全世界的军事基地群相比，中国在南沙搞公开宣布主要用于民用的岛礁建设，应该算个事儿吗？这能算挑战美国的霸权了吗？

美国对中国搞"一带一路"耿耿于怀。老胡在媒体工作，从一开始就知道，"一带一路"是个倡议，不是战略，对此中国媒体特别认真，从来不写错。一带一路是开放的，遵从共商共建共享的原则，欢迎所有国家参与。姿态放得这么低，态度这么诚恳，这哪有要与美国分庭抗礼的意思？

更不要说台湾这边了，蔡英文当局如果不折腾，不拒绝"九二共识"，台海就是风平浪静的。中国大陆的所有反制行动都是对蔡英文当局激进政策的回应。

　　说说国内吧。国家为了鼓舞人心，凝聚社会，做了一些经济建设成就和科技进步的宣传。老胡新闻从业30年，一直知道国家有年年国庆前和每次党代会前以及重要政治事件前宣传建设成就的传统。另外中国还很爱搞各种长期规划，到2000年怎么怎么样，到2020年怎么怎么样，到2025年怎么怎么样。**上世纪80年代就规划到2049年的事儿了，现在如果规划到2099年的事儿，按说都正常。**老胡想说的是，这是中国的特点，是我们社会实现动员的一种方式，中国有百年屈辱，社会有时需要一些鼓励，这是国情。2008年，我们的奥运会开幕式很宏大，那对应的是中国人的一种心理需求。而且90年代初我们就申办2000年奥运会了，那一次申办失利，很多人是趴在自行车上哭的，那时我们很穷。

　　为什么过去这样做都没事儿，偏偏现在这样做，我们自我激励一下，制定一个规划，美国就跳起来了？不是中国变高调了，或者说我们高调还是低调不是主要原因，而是美国的对华心态变了，它不接受中国的经济总量达到它的60%以上并且继续向前发展了，它看中国处处都不顺眼，要向中国搞某种"战略摊牌"了。

　　就在不久前，莫迪总理宣布印度要在2030年时成为

世界第三大经济体。印度这样说，没事。德国搞工业 4.0
计划，也没事。偏偏就是我们几年前订的一个"中国制造
2025"计划惹着了美国。

自省是中国人的优点，但我们决不能用自省代替对世
事变迁的感知和眺望。**贸易战和科技封杀战是美国出于国
家战略自私突然对中国实施的战略发难，它不是我们中国
人的错，中华民族的上进以及对自我上进方式的遵循都是
我们的基本权利，这一份自尊和自信，在任何情况下都不
能丢失。**

我们可以也应当不断总结经验，包括根据现实需要调
整策略，但我们不能为别人的蛮横自私背锅，即使遇到困
难，我们也不能在精神上屈打成招，不仅不在别人对我们
的指责书上按手印，更不能主动写忏悔书。我们可以谦
让，还可以做必要的妥协，但是非决不能被压弯，无论进
一步还是退一步，我们的头脑必须是清醒的，意志必须是
泰然的。

是的，大国中唯一 30 年没有打仗的中国不能背"好
战"的锅，勤勤恳恳的中华民族不能接受中国复兴是从
美国"偷来的"指责，孩子们去西方留学，我们尤其不
能接受对他们都是"中国间谍"的声誉抹黑。我们对相
互尊重、互利共赢的信奉十分真诚，为此老胡相信，自
尊是起点，真诚和谦逊是路，勇气和智慧是我们走向目

标的车和船。

美国对华战略究竟是什么？

中国人有一个深深的困惑：美国到底要对中国做什么？他们究竟想要公平的贸易，还是不接受中国的发展，把搞垮中国经济作为终极目标？

这是个重大问题，为了中美两国人民的长远利益和福祉，也为了世界和平，华盛顿有义务针对这个问题做出严肃、认真的回答，帮助中国社会准确理解美方的用意。因为这种理解将深刻影响中国社会对美方所发动贸易战的回应方式，以及我们对美国的整体态度。

不能不说，美方试图用关税战压服中国的粗暴做法，加上美国从副总统到国务卿一段时间以来的激烈讲话，还有美国当下在国际舞台上几乎"逢中必反"的表现，特别是对华为极其野蛮的打压，正在促使绝大多数中国人越来越相信，美国就是与中国发展过不去，要所谓公平贸易只是借口和对利益的顺手牵羊，美方的真正目的就是剥夺中国继续发展的能力。换句话说，它不仅仅是"劫钱"，还要"劫命"。

如果华盛顿确实在把他们对中国高速发展的妒忌心理

转变成全面打压中国的遏制政策，并且为"击垮中国"不惜牺牲中美两国人民的福祉和破坏世界和平，那么这是严重违背政治道义的邪恶政策。这种情况下，中国人民决不会寻求对美妥协，我们将倾尽全力捍卫自己国家的发展权利，不惧任何风险。

我们不知道 21 世纪的美国究竟能够做出什么来，希望美方在回答中方质疑的同时，做好对自我想法的梳理，确保对华沟通的权威、真实和有效。

中国的对美政策是清楚的，至少我们没有把它搞复杂的任何企图。**中国没有战略挑战美国的意愿，中国发展是为了实现人民的美好生活，我们摆脱近代以来屈辱地位的愿望是一种防守性的战略心理**。我们真诚认为中国不能以零和的扩张方式谋求自身利益，我们走向世界的唯一途径是扩大合作。

中国不认为自己应当或有能力争夺世界霸权，我们不仅希望发展良好的中美关系，而且相信与人为善永远应当是中国外交的第一原则。尽管中国与一些国家会发生摩擦，甚至会有临时性对抗，但上述战略善意既是我们外交政策的起点，也会是终点，任何冒险的外交政策都不会得到中国人民的支持。

什么是美国的对华战略呢？这个问题让我们困惑。美国将中国定义为"战略竞争对手"究竟意味着什么？谁的声音该为"美国"这个行为体负责？美国领导人经常变化的表态和其团队主要成员的对华激烈表态，还有国会的激进主张，我们应该重视哪一些声音，或者美方的哪一些行为，而忽略其中的哪一些呢？

我们的总体感受是，美方不能允许中国发展出与美国相当甚至更高实力、为阻止中国这样成长应当不惜代价的声音越来越多，在美产生的实际影响力越来越大，并且在促成美方一系列对华激进行为的发生。在中国完全采取守势、并未开展非常激烈反制措施的情况下，美方似乎正在形成对中国越来越强硬、敌视的惯性。

在政治多元的美国社会里，我们目前看不到有抵制极端对华政策的强有力力量的出现。对贸易战的批评虽然很多，但它们多是具体的利益分析，并未上升到有利于阻止这一事态发展的战略反思层面，美方的对华打压范围仍在扩大。

那么美国政府和主要政治力量准备放纵美国对华政策朝着全面战略打压的方向不断加剧，甚至准备进一步推动这个进程的加快吗？我们认为，美方应当清理这个问题，并且对美中两国人民及整个国际社会都做出可信的回答。

如果这不是美国主流社会和政治精英群体的意愿，也请华盛顿把他们的真实想法一五一十地摊开来，与中国开展深入的战略沟通，与解决双方的具体纠纷结合起来，争取对双方都有利的突破。

"新冷战"开打了吗？

2018 年 10 月 4 日，美国副总统彭斯在华盛顿智库哈德逊研究所发表全面指责中国的演说后，中国内外都有很多人在把这一演说与丘吉尔 1946 年"铁幕演说"进行对比，认为它有可能成为"中美新冷战"开始的标志。

如果中国以战斗性姿态回应美国近一个时期对中国的各项挑衅，并对彭斯的演说进行美对华发出"冷战檄文"的定性，与美开展战略对冲，那么"新冷战"就有可能真的拉开帷幕，逐渐坐实。

不对美强硬回击，难道要忍气吞声，在华盛顿压力面前不断退让吗？当然同样不行。

中国必须坚决维护自己从贸易到国防的合法权益，在遭到美国挑衅时毫不迟疑地发起反制。同时我们要就事论事，不从我方推动中美摩擦的升级，不烘托中美战略对抗的氛围，不让中美博弈成为中国对外关系的主导面，更不让它来决定中国国内的治理方向。

在华盛顿对华散发着敌意的各种报告和讲话频出之际，我们既要重视这当中的每一个动向，同时又要跳出它们，站到更高处看眼前这个不断躁动的美国，不受它冲动情绪的牵制，确保我们在认识美国这一影响中国发展的最大外力时保持理性。

第一，美国决不像彭斯所说的对中国那么好，而中国又是那么对不起它。自中国近代以来，美国在中国国家命运中所扮演的角色是复杂的，尽管中美对历史的认识都会"以我为主"，但事实是，自鸦片战争到中华人民共和国成立之前，中国的命运十分悲惨。在成为世界第一大力量的过程中，美国没有对改变中国命运发挥彭斯所渲染的那种重大作用。

第二，从尼克松打开中美关系大门直到中国改革开放，中美第一次在平等基础上建立起全新的关系。虽然双方这期间不断有各种龃龉和摩擦，但是总体上看，美国在中国的发展中扮演了建设性角色。反过来看，中国对美国的发展和安全也起了积极作用。中美和解增加了美国在冷战后期的对苏优势，中美合作巩固了美国在全球化时代的国际领导力。

第三，中美迄今的摩擦和博弈是人类历史上所谓"守成大国"与"崛起大国"之间相对最温和的，双方在过去这些年里总体上对战略互疑及经济、安全摩擦实现了算得上平稳的管控。事实上中美这样的大国只要不朝着军事对抗的方向走，两国的各种争吵和摩擦都是可以管控的。

第四，美国对华发泄情绪容易，实际遏制中国的杠杆却很有限。贸易战必然反过来造成它的自伤，是很笨的办法。它建立针对中国的北约那样的安全组织完全不现实，面对只是到世界上做生意且国内市场快速扩大的中国，美国几乎无法建立孤立、遏制北京的盟友群。

除非中国在战略上跟美国全面对着干，否则白宫和国会是很难对美国全社会开展真正的反华动员的。**这早已不是公众愿意为了所谓"国家利益"主动出击进行充满风险的远征的时代了**，只要中国面对美国一些政治精英的疯狂**保持冷静，晾他们，所谓"新冷战"就成形不了**，他们的这番鼓噪早晚会成泄气的皮球。

美国怒气冲冲，中国这时要跟它打太极。这不是畏惧、退缩，而是中华民族特有的战略智慧。贸易战一定要让美国感到痛，南海、台海也决不能让美方恣意妄为。但我们要平心静气地做这一切，让美方知道，它每次乱来都会付出代价，而中国又是始终朝它敞开友好合作大门的国家。中国将继续扩大开放，这不会因为外部环境变得恶劣而改变。

如果中国能够这样做，假以时日一定会产生战略效果。中国很独特，我们不是苏联，谁也休想用对付苏联的那一套对付我们。

"文明较量"说背后的含义

2019年5月，美国国务院政策规划主任斯金纳表示，国务院正在以"与一个真正不同文明的较量"想法为依据，制定对华策略。这一动向在美国也引起不少反对声。

看来在美国国务卿蓬佩奥的主持下，美国务院真的正在推动美国对中国的根本敌意，也就是对中国文明的敌意。

斯金纳所提到的计划，显然是以西方文明为中心的，带有对中国文明的歧视。这同时也是对西方文明错误的提炼，因为文明的基本方向是和谐、包容、共赢，而不是相互排斥、唯我独尊和炮舰外交。

即使与亨廷顿提出"文明冲突"概念的上世纪90年代初相比，今天的世界也有了巨大的不同。文明的隔阂、分歧仍然会有，但文明发生有国家力量参与组织的巨大冲突却越来越难以思议。如今处于不同文明的群体在生活层面不断融合与一体化，利益相互交织，只要彼此能有基本的相互尊重，不同文明很难形成西方世界中世纪的那种深仇大恨。

中国文明确实与美国文明有差异，它主要表现在社会的内在组织形式，以及与此相关的价值体系上。但是对和平的向往，对国际规则的尊重，对国家间平等及友好合作的推崇，中国人的态度与世界主流价值取向是高度一致的。中国长期远离战争，反对武力扩张，倡导文明互学互鉴，没有妨碍任何其他文明。

斯金纳解释说，过去的大国冲突、包括美苏冷战，一定程度上都是"西方内部较量"，而与中国之间是美国首次面对"非高加索人"的超级强国竞争。但她没有说，中国人带来的是比一战、二战以及冷战都要温和、理性得多的竞争。

美国务院此时拉起"文明较量"的旗帜，其首要目的大概是想要拉拢其他西方国家，促使那些在对华问题上态度摇摆的国家站队，与美一道遏制中国。蓬佩奥等人大概认为，西方文明是个能产生凝聚力的概念，使那些国家认为，帮美国打压中国就是在帮它们自己。

然而我们相信，除了华盛顿少数狂热的政治精英，这个世界上欢迎"文明较量"到来的人一定少之又少。除了这个说法牵强附会之外，世界如果真的按照美国务院所指的方向走将意味着什么样的代价，想一想都让人感到不寒而栗。

华盛顿真的在为西方文明操心吗？美国这两年的表现恰恰是在严重伤害西方文明，西方世界普遍认同的国际行为准则已经被华盛顿践踏得面目全非了。美国国务院现在谈"文明较量"，不能不说对西方文明有点"现用佛现烧香"

的味道。

中国社会一直对西方文明保持着敬意，向西方学习是中国近代以来知识分子的集体信条之一。中国与西方的摩擦主要集中在我们反对西方干涉中国的内部事务，中国人没有在文明层面唯我独尊的认识，更没有让中国社会价值体系主导世界的野心。

因此"文明较量"是个伪命题，不可能出现，美国到底想在遏制中国方面走多远，那是另一回事。尽量往中美的中间地带站要比站到美国一边参与遏制中国，更符合西方乃至世界各国的利益，这是国际政治常识。

反对盲目自信

时局认识以及中国自我的国情认识一直是一个根本性问题，而不让这些认识偏离客观实际，尤其是不让这种偏离导致严重政治后果，有时会成为重大挑战。今天，问题集中在对于中国是否有能力对抗美国全面贸易战的分析和判断上。

准确评估中美实力差距以及这种差距的国际政治含义是不容易的。当中美关系呈现出战略性紧张苗头时，则容易出现两种思想倾向，一种是过度自信，一种是恐美的不安。

清华大学教授胡鞍钢 2017 年 4 月在一次演讲中宣称中国的经济实力、科技实力、综合国力已经完成对美国的超越，断言到 2016 年它们分别是美国的 1.15 倍、1.31 倍和 1.36 倍。这一演讲 1 月之后开始在互联网上发酵，对他的猛烈抨击和嘲笑一直持续到今天，胡鞍钢为此付出沉重声誉代价。舆论场对胡鞍钢的批判反映出，过度的实力自信在中国没有市场，中国社会对这样的傲慢有很高警惕。

现在还有一种观点认为，美国对华开展贸易战等遏制行动，是中国对本国成就高调宣传导致的。这种认识贸易战的原因显然过于简单，但它同样反映了中国社会对反思的偏好，对任何疑似自我高估的表现都持反对态度。

但是在另一个方向上，对于中美差距的描述和对危机感的宣扬，无论它们有多夸张，舆论场也容易给予宽容。互联网上流传着各种各样的"盛世危言"，其中不少都受到追捧。

最新的一例是经济学家高善文表达对中美关系恶化的严重担忧，其中有一个意思说，如果中美关系全面恶化，那么 30 岁以下年轻人的这一辈子就可以洗洗睡了。高事后表示他没有说这句话，但不管这句话是不是别人安给他的，它能火起来，很说明问题。

当中国面对美国和西方时，社会思潮中的不自信实为更加普遍。这个倾向同时受到西方价值观在中国社会传播的支持，常常会被舆论场当成一种政治正确性来推崇。它一旦围绕某一具体事件形成发作，舆论场内在的扳正力往往很弱。比如，宣扬中国在对美贸易战中"必输"的人，他们会觉得自己自带了"理性"的光环。

换句话说，过度自信在中国社会中有天花板，因此它走不远。但是不自信却可能面临无底洞，一旦被激活会出现自由落体般的下坠。

在当前情况下，中国没有主动与美开展贸易战的意愿，我们在进行战略上的被迫应战。对贸易战发生的原因，社会上存在多元认识，它们作为不同方向的反思都值得归纳总结。但是迎击美国的打压需要全社会的团结与信心，这个时候不自信甚至恐美就有可能直接负面影响中美贸易战的战况。

膜拜西方和恐美在中国有着自近代以来长期的历史根源，它们在一些较有社会影响和话语权较重的人群中尤其显得突出，进而会在一些重要节点上对整个社会产生影响。可以预期，恐美情绪不仅会在中美贸易战全过程中不时出现，它还会伴随中国更长时间，这个病中国只能在不断发展壮大中慢慢自愈。

一些影响力大的知识分子应当审时度势，在警惕中国社会傲慢自大的同时，也应为帮助这个国家克服恐美症、鼓舞抵制美国霸权主义的斗争做出贡献。随着美国对华施压不断变本加厉，后者应逐渐成为中国舆论动员的主方向。

中国必须对外开放，但开放的过程少不了对霸权主义的斗争。一个爱国的人，无论他推崇什么样的价值观，都不应客观上做中国社会团结起来抵制霸权主义的瓦解者。

中国的国运不能依靠美国的善意

中美贸易磋商仍会进行，但充满不确定性。显然，中国今后的发展和繁荣，中国的整个国运不能建立在美国对华善意的基础上，中国必须不断壮大自己，这是中国化解来自美国的战略压力、维护中国发展所需战略空间的根本依靠。

中国的国内市场还需要有质的扩大，我们的技术能力有待进一步提高。中国的软实力也还不够强，我们影响国际舆论，在各种冲突中夺取道义制高点的能力需要跟上国家外部形势的变化。

所有这一切都需要我们通过实干开拓、创造出来，中国已经有很好的工业化基础，人均收入达到了一定水平。

中国的巨大潜力就像春天的黑土地一样，有可能生长出茂盛、丰富的物种。我们的潜力非常真实，是成熟的、极易兑现的潜力。

最重要的是通过改革打破各种对释放潜力的自我约束，让我们的工作越来越贴近国家发展的实际需求，让发展变得直截了当，不兜圈子。

全力发展、全面发展是很大的政治，因为发展就是对美国施压的最好回应，发展就是推动国家外交形势的不断改善，发展就是为全国人民鼓劲、增加民众面对西方的政治自信，发展就是对中国政治制度优越的最好验证。更不要说，发展对于满足人民群众对美好生活需求的根本意义了。

美国为什么对华傲慢？因为它的科技能力全球第一，市场全球最大，军力世界最强，好莱坞的片子放遍全球影院，媒体在世界上最有影响，所以当它全力压中国时，我们感受到了不同以往的承重。

中国的各项政策都应有利于发展。而且，改革是为了更好发展，稳定也是为了更好发展。能够促进发展的政策就是好政策，不利发展的政策或者伤害发展热情的政策就需反思调整。

美国的对华战略压力大概率还会不断加码，我们大概需要放弃可能通过外交手段扭转这一趋势的幻想。中国必须坚持扩大对外开放，同时要清楚，对外开放的资本也是我们要不断增强发展能力。如果我们发展的势头出现严重损蚀，我们的对外开放在美国压力之下就将变得举步维艰。而反过来，一个充满活力和繁荣的中国却足以瓦解美国遏制中国的决心。

客观地说，中国各地现在还有一些不利发展的政策表现，一些人对"讲政治"的理解过于肤浅，并没有真正急国家之所急，他们的工作没有为推动国家的战略安全真正使上劲，所做的工作有一些虚的成分。

落后就要挨打，这是中国的历史教训。一些美国精英现在对华充满冷战思维，认为遏制中国是美国的必由之路。我们要很清楚，美国那些人的冷战思维靠我们"做思想工作"是解决不了的，劝说对美国当下一些激进精英的作用肯定是零。我们唯有让那些人清晰地看到中国是遏制不住的，他们越遏制，中国越繁荣越充满活力，受损的是他们自己。只有到那时他们才会认真考虑，搞冷战思维的时代是否真的过去了。

让我们大家都为中国的发展贡献一份力量吧。让我们打破各种阻碍发展的条条框框，把全体人民的巨大消费潜力，还有智慧、工作热情都充分释放出来。我们应当解放思想，其实，东南沿海地区比北方内陆省份经济强一截，前面地区的思想更加解放，社会治理更加开放、有弹性的原因显然大大高于地理原因。哪个地方在思想上保守，最后害的只会是自己。

　　我们应当有紧迫感，在发展方面形成一些轰动性、鼓舞人心的新拉动，鼓励一些地方做出开放性的示范。让我们用成绩说话，用成绩与外部世界对话：中国的发展不是用来遏制的，而是用来参与的。

做个大国民——站在中国看世界

请别给中国硬戴"世界领导者"的帽子

2017 年 1 月，多家西方媒体报道称，一名中国外交官表示，如果有人说中国在世界上扮演领导者的角色，那不是因为中国冲到了前面，而是领跑者退缩了，从而把位置留给了中国。据称他还说：若中国被要求扮演领导角色，那么中国会承担其责任。

美国之音评论说，上述谈话的潜台词是：第一，中国当世界领导者是时代的需要；第二，中国已经准备好承担世界领导者的责任。与此同时，还有外媒写道：中国愿意"接棒"。

老胡没有查到那名外交官与媒体对话的原文实录，但即使从外国媒体援引的对话片段来看，它们的评论也对该

　　2019 年 2 月 25 日 12:10@ 胡锡进微博："老胡带大家进入一个新加坡的普通人家看看。这是家男主人邱福春 67 岁，在鱼市上做工人，妻子是一名清洁工人，女儿在大学研究所做研究员助理。男主人每个月有 400 多新元（合 2000 多人民币）的退休金，但继续在鱼市上工作，每月收入 2000 多新元（合 1 万多人民币）。他说妻子和他收入差不多。这一家住在新加坡的组屋里，这套组屋有 90 平方米使用面积，除了这个客厅还有三个不大的卧室，一厨两卫，另带一很小的储藏间。这套组屋现在价值 40 万新元（约合 200 万人民币）。他们家没有汽车，原因是在新加坡买车、养车都太贵了，而公共交通很方便。这一家人没有公费医疗，但他们每月交的保险中有一部分进入了医疗账户，可以用来对看病提供部分补贴。这一家人一个月正常过日子的开销用不了 2000 新元。看来他们的储蓄率挺高的。男主人说，存钱是为了养老。新加坡现在已处于全球人均 GDP 的最前列。问他们这几年的生活是不是更好了，男主人觉得一直都差不多。女儿说年轻人找工作更难了。他们认为新加坡的贫富差距在拉大。"

外交官所要表达的意思做了很大程度的引申。

西方很爱用"领导者"这个词，一般说来，中国人很不喜欢把这顶帽子往自己国家头上戴。一来我们觉得，中国的综合实力还远远不够，扛不起领导世界的大旗。二是中国人主张国与国之间平等，根据自己的能力，我们愿意多尽一些责任，多做一些力所能及的贡献，但我们不认为这个世界应当有一个谁领导谁的秩序。

最近一段时间，西方舆论非常关注特朗普政府在全球化问题上"撂挑子"时中国会怎么做。一些人出于真实愿望，还有一些人为了炒作，看上去都想推热中国取代美国"领导世界"的刺激性话题，这显然让北京挺为难的。

中国无疑愿意继续为推动全球化尽力，但中国不会愿意"取代"美国，成为"领导者"。中国人尤其不希望这当中的任何变动受到政治解读。

然而，现实是，美国作为全球化的领跑者看起来是不想往下跑了，而中国还要继续往前跑，并且鼓励其他国家一起跑。这的确是中国作为开放的世界第二大经济体的责任，但这就叫"领导者"吗？

无论如何，中国没做好"领导世界"的准备，世界同样没有做好"被中国领导"的准备。**在谈判贸易规则、制定货币政策以及市场准入条件等各方面，中国虽然逐渐有**

了一些话语权，但这离"领导者"的角色都还有明显差距，中国人对这一点是有清醒认识的。

中国的利益决定了，我们不可能从需要我们发挥带头作用的位置上逃跑，但中国人无意独占一个带头举旗的位置，我们没想中国一家说了算，也不希望美国长期在全球化的阵列中缺席。中国人在尽自己有可能比别国更多的继续推动全球化责任的时候，是带着一颗平常心的。

我们避谈"领导者"这个概念，不光是因为中国人长期具有"韬光养晦"的意识，还因为我们的确认为，从"谁将成为新领导者"这个视角很难准确描述全球化当前有些动荡的局面，以及它的未来。

北京肯定希望在全球贸易问题上与华盛顿保持最大限度的合作，为避免两国贸易政策的对立，中方大概会极尽努力去争取。同时，中国应会毫不犹豫地承担起与自己贸易体量相称的责任，并且鼓励其他国家一起保卫全球化的成果，防止世界陷入贸易混乱。

有关"中国取代美国领导世界"的炒作是舆论唯恐事情不大烘托出来的热闹，中国又要做事情，又要不被这种炒作给绑架了，够难为我们这个国家的。

外界了解中国，必先了解中共

2017 年 11 月 30 日至 12 月 3 日，中国共产党与世界政党高层对话会在北京举行，来自 120 多个国家的近 300 个政党及政党组织的领导人出席。这无疑是当今世界最大规模的政党大会，这一新颖的外交盛会引起世界舆论的广泛兴趣。

有人把这次政党大会与苏联时期莫斯科主导的党际交流进行对比，搞出一些不伦不类的分析。苏联当时搞的主要是共产党交流，目的是输出革命。而北京请来的世界政党包括传统意义上的"左中右"政党，北京推动的是面向治国理政的党际交流，毫无输出意识形态的意思。

对于世界各政党来说，中共十九大刚刚开过，而中共又是成就斐然的执政党，借这次高层对话会了解十九大的成果，解读习近平新时代中国特色社会主义思想，同时各政党之间开展交流，这都是难得的机会。

政党交流并非当代世界最主流的外交形式，但实际上这是一个开发不足、潜力深厚的领域。上了北京会议名单的政党很多正在执政，有些虽然在野，但有可能今后执政。很多参会者拥有丰富政治经验，如果把这些经验加在一起，足以构成一部世界各国治党理政学问的百科全书。

95

世界上的多边党际交流不发达，与大部分国家的政党轮替过于频繁，能够为大型交流扮演召集角色的政党不多有关。

中共是世界第一大党，又是长期执政党，作为政党大型交流活动的召集者再合适不过了。另外，中共又是最重视党建的政党，鉴于中国深度融入全球化，我们对通过交流丰富党建在新时代复杂条件下的思想素材也是最有兴趣的。

外界了解中国，必先了解中共。事实上，一些西方人理解不了中国正在发生的事情，对中国偏见很深，一个重要原因是他们对中共的认识过于肤浅。那些人至今把中共看成当年的苏共，拒绝探究中共执政机制与中国巨大经济社会发展成就之间的决定性联系，他们对中共的看法依然摆脱不了早年以及当下一些反共政治宣传留下的烙印。

但是很多希望为本国发展有所建树的政党，尤其是发展中国家的政党已经悟出中共走出了一条有别于西方政治经验的新路，加强与中共交流对那些政党有着迫切的现实意义。

世界每年都会分领域召开许多大会，北京发起的政党高层对话会是颇具价值的创新。第一次是 2014 年开的，今年是第四次开会，也是规模最大的一次。与会者身后是不同的制度、价值观以及使命，全世界政治中最深刻的东西在这里汇集，这是一个深层次意义还有待发掘、总结的大会。

2017 年大会的主题是"构建人类命运共同体、共同建设美好世界：政党的责任"。中共作为会议主办方，这是中国与外国、各外国之间开展深度交流的一个极富创意的机会。

能够办出世界政党大会，这是中共和中国的一大优势。把这样的大会办好了，或许会引导世界开辟现代外交的新前沿。对这样的外交形式，中国最容易如鱼得水。中国外交有所作为，或许能从此打开一片全新的天地。

西方主流精英称赞中国，这意味什么？

2017 年 6 月 8 日，《纽约时报》刊登该报专栏作家弗里德曼的文章，以列举中国的成绩作为批评特朗普总统的证据。他说最新的北京之行给他留下一些强烈印象，美国低估了中国，前者把中国经济飞速增长的所有原因都归结于不公平的贸易行为。他认为中国一直在快速聪明地采用新技术，特别是移动互联网技术，比如中国正向无现金社会转型，做到了美国所梦想的事情。

弗里德曼还进一步描述了互联网经济在中国的深入，

低碳经济在这个国家的进展，以及京沪高铁沿线令人震惊的建设规模，称赞了"中国制造2025"计划，等等。

无独有偶，英国《金融时报》8日刊发了对该报首席经济评论员马丁·沃尔夫的访谈，沃尔夫称，中国作为一个非常古老的文明，以不可思议的速度推进现代化，这个现象独一无二。他认为此前也有其他国家实现过快速现代化，比如韩国，但中国经济规模远大于后者，这种规模增加了中国的复杂性。

沃尔夫认为，对西方来说，最大的"中国谜题"是，这种现代化进程是由一个共产主义政党领导的。西方很难理解这意味着什么。"你怎么能在一个共产主义国家发展资本主义的市场经济？这是一个根本性的谜题。"

弗里德曼和沃尔夫都是西方主流媒体精英，在西方社会享有很高影响力。两人一位称赞中国在互联网等新技术领域突飞猛进的发展，另一位强调中国谜一般地突破西方想象力的边界，这是否是西方主流精英的对华认识正在发生重大变化的标志呢？

人们注意到，特朗普胜选美国总统以来，西方一些意见领袖把称赞中国作为表达对西方政治精英不满的一种方式，这带动了他们对中国成就"新一轮的发现"，这些成就都是真实存在的，但是过去西方主流媒体不愿意把镜头对准它们。西方媒体人更愿意宣扬自己对中国的不认同，对华采取尖锐批评态度。

这些成就通过正面表述出现在西方舆论场上，不是因为西方精英群体对华认识和态度发生了重大变化，而是他们此时高抬中国，能够配合他们打击特朗普等不受精英欢迎的领导人，或者帮助他们对西方世界敲警钟。

比如特朗普宣布美国退出《巴黎气候协定》后，美欧舆论纷纷称赞中国是人类气候行动新的领导者，除了中国继续信守气候承诺的坚定立场的确让他们高兴以外，他们通过赞北京来贬白宫的那股情绪也是十分明显的。

或许可以说，让西方精英在立场和感情上转向中国永远都不可能，无论褒扬还是贬斥中国，都会有他们现实的政治及意识形态需求驱动，西方如能形成正面肯定中国成就的舆论风向，推动力说不定就是部分来自他们的内部争斗，这没什么奇怪的。

因此西方人对中国的讲述可能不时会带上一些他们的临时功利主义，添加朝着不同方向的渲染，对此我们需要有能力加以分辨。

重要的是中国要真把自己的事情做好，那么西方发现中国的成就是迟早的事情。当他们刻意矮化中国时，我们用不着沮丧。当他们出于另一种原因大赞中国时，我们也无需飘飘然。中国在快速进步，我们对此最清楚，外界的各种意见都只是参考，我们不会为了外界怎么看我们而活着。

这一轮西方主流媒体对中国的称赞有真实的内容，也有"可疑的动机"。然而西方对中国的认识会沿着中国前进的真实轨迹上下浮动，或将是个大趋势。

国人切不可期待在国际上"把把赢"

中国正在逐渐走向国际舞台的中央，这是中国的力量增长和利益扩展共同推动的。它也是一个一言难尽、无法用简单成败观描述的过程，不是像一些人想象的那样，中国会一路高歌猛进，痛快淋漓。在很多时候，中国都要在重要利益和次重要利益之间进行抉择。我们会陷入一系列复杂的博弈，争取最好，避免最坏。

中国已然是世界性大国，但我们的力量不是都能转化成权力的，当与比我们弱很多的力量发生摩擦时，有时我们会发现推动对方做出让步并不容易。要想做到"把把全赢"几乎不可能，我们会经历一系列"输赢说不太清楚"或者"赢得不那么明显"的过招，赢没赢很多时候只能间接验证。

我们还会有不可避免遭受挫折的时候，看看其他大国的情况，就清楚了。美国是当今世界第一强国，但它迄今没能阻止朝鲜研制洲际弹道导弹，朝鲜正接近拥有对美国本土实施核打击的能力。美国希望中俄按照它的要求帮忙解决问题，为它两肋插刀，对朝鲜实施全面禁运。但是它在安理会上与中俄相互做了妥协。

在叙利亚问题上，美国公开要求巴沙尔下台，但是后者在俄罗斯的全力支持下稳住了阵脚。特朗普上台后，虽然一度导弹袭击了巴沙尔政权的基地，但他实际接受了美国不愿看到的现实。

大国必须坚持原则，否则它的意志就不会在世界秩序中留下烙印。大国同时又需要是灵活和有弹性的，否则由于它的利益涉及面广，就会四处遭遇危机，一般摩擦很容易上升为对抗。无原则的大国无以立威，无弹性的大国会失去围绕战略目标的有条不紊，十个手指头按着十个跳蚤，把自己拖疲拖垮。

其实做大国挺不容易的，全球化时代的大国利益边界经常交叉，反而让一些中小国家的平衡外交如鱼得水有了更大空间。世界的权力在分散，任何大国的力量和权威都在信息化和碎片化时代被削弱了，这是大国遭遇的共同现实。

这产生了一个问题：要求对外示强几乎是全世界舆论的一致面目。对大国来说，保持绝对强硬似乎最有资本，也最合人们通常想象的逻辑，但很多时候大国实际做不到这一点。这就需要大国舆论以及民意能与国家外交协调配合。

在老牌大国里，这样的配合相对娴熟些，社会形成了层层累加的适应性。比如美国、俄罗斯等，追求最好避免最坏是凝结在舆论表层之下更厚实的公众态度，这为国家外交获得较多张力提供了隐蔽的授权。

中国的全球外交经验还很少，民众对国家力量与国际权力之间关系的认识还很模糊，舆论与实际民意的异同广受争议，公众意见对政府决策的牵制力比在西方大还是要小一些，一时也挺难说的。这一切显然需要逐渐厘清。

总之，中国社会确实不能有时时事事"中或最赢"的期待，对何为输赢也决不能短视，不能过于聚焦事情本身，而应真正崇尚"风物长宜放眼量"，中国要做"笑到最后"的那一个。

大国的自信体现在，进则不需要红地毯和凯旋门，克制则不需要铺台阶，需要弹性时可以轻松完成转弯。大国不仅力量大，而且回旋余地大。大国不仅要有"外交无小事"的认真，更应该有"外交无大事"的气度。

中国越强大，越可能遭遇更多批评和指责，面对奇奇怪怪的外部要求和情绪。我们必须能够同时应对多个麻烦，做到举重若轻，而不是有变就惊，满眼都是危机。做大国是一种"生活方式"，既然中国的宿命就是做大国，我们就不必怨天尤人。

亚洲文明对话大会不是"文明较量"

2018 年 12 月 28 日，亚洲文明对话大会在北京开幕，亚洲 47 个国家以及域外其他国家共 2000 多名代表参加。这是继第二届"一带一路"国际合作高峰论坛、北京世界园艺博览会之后，中国今年举办的又一场外交盛会。它还是亚洲国家第一次聚集起来展开跨文化交流，因此具有开创性的特殊意义。

一些西方舆论的反应，更凸显出当前举办文明对话大会的必要性。他们跳不出地缘政治的惯性思维，以为中国举办大会是在同西方"文明较量"。锤子的眼睛里只有钉子。正是这种思维，在现实层面造成了文明之间的隔阂摩擦，甚至冲突，使之成为日益严峻的全球性挑战。

实际上，在这个时候，无论是谁站出来，为推动文明对话与交流做一些实事，都是功在千秋的大善。而这个文明对话大会，之所以首先诞生在亚洲，并由中国首倡举办，也并非偶然，有其值得一提的内在逻辑。

亚洲很大，拥有最多元的文明和宗教，也具备一定整体性。如果不同文明不同宗教在亚洲实现了包容互鉴、亲

　　2019 年 2 月 21 日 13:24@ 胡锡进微博："伊朗普通百姓过得怎么样？他们如何看中国？这个伊朗家庭认为自己过的是首都德黑兰的中等（偏下）日子。男主人侯赛因 72 岁，退休前是伊朗航空的机械师，另外会做皮鞋和皮包，目前由于伊朗里亚尔贬值，他的退休金合 230 美元。他家的房子 120 几平米，现在合每平米 1200 多美元。这个家庭另外还有一套房子出租，也有每月 200 多美元收入。侯赛因老伴无退休金，两个女儿一个出嫁了，另一个跟他们过，她在一家中国人开的酒店工作，收入和父亲的退休金差不多。侯赛因因为从航空公司退休，坐飞机免费，过去经常带一家出国旅游，但现在因为受制裁，伊朗航空飞国外的很多航线被取消，这个福利严重缩水。另外由于里亚尔贬值，出国更昂贵了。他们全家免费医疗，水电费等开销一个月约合 15 美元，另外每个月请一次小时工全面打扫房间，花 24 美元。侯赛因一家表示，他们的生活水平在不断下降。他们感叹，中东国家都被美国等外部力量攥在手里，美国的目的就是制造中东的混乱，从而方便自己卖军火。侯赛因说，特朗普去了趟沙特，就卖了 1000 亿美元军火，要是没有沙特与伊朗的竞争关系，美国就赚不了这些钱。问这一家人对中国的印象，侯赛因说中国很有活力，什么都能生产，他从手机上调出一段中国山区建在高架桥上高速公路的视频，说这样的高架桥，伊朗和很多国家都不可能建起来。女儿说，她在中国的公司里工作，与中国人合作，中国人很严谨，勤奋，守信用，但就是工作节奏有点快、紧张。"

近相通，即意味着普世性的实验成功。亚洲国家的发展一直不平衡，但都有遭遇殖民侵略的历史记忆，都曾是冷战竞争的受害者，因此对"平等"和"独立"尤其在意，这也为不同文明实现真正意义上的和平共处提供了动力和基础。

在亚洲，中国是最强大的国家。中国同时也是反对霸权主义和文明对抗，提倡和而不同、美美与共、文明互鉴的最强大力量。中国不仅这么说，更在这么做。举办亚洲文明对话大会，就是中国为此努力的一部分。加上"一带一路"峰会，世界政党大会等等，中国推动构建人类命运共同体的探索，其伟大意义将在时间的冲刷下日益显露出来。

作为现代化和全球化的发源地，西方在国际政治架构中占据着天然的优势位置，现在的一个问题是，很多西方人因此产生了"优势位置依赖"，放不下"西方中心主义"。**近年来非西方国家的快速发展，尤其是亚洲的崛起，客观上削弱了西方的相对优势，也让这些西方人变得更为敏感狭隘，他们对其他文明的警惕、不信任和敌意不断加重，激活并强化了不同文明之间本就存在的大量分歧和矛盾，甚至引爆了一些血腥的冲突。**

全球化正面临着一个拐点，这几乎是一目了然的现实图景。当中国正在不同文明之间修路建桥的时候，华盛顿正费尽心力筹款在边界垒起高墙；当中国还在更多领域扩大开放，美国却在科技、教育甚至社会科学交流上关上大门……需要说，这都是一些危险的倾向。今天的世界难以承受西方文明和非西方文明之间出现一道巨大裂痕。西方文明能否在实践层面更多展现平等和包容，在很大程度上决定了全球化未来向何处去。

理性的人，有远见的人，无论他来自欧美或其他地方，都会对亚洲文明对话大会乐见其成。这是时代水到渠成留给亚洲的使命，中国愿和亚洲各国一起， 出一条新型共处之道。

周边外交：美国"发奖状"，中国"发奖金"

2018 年的中国周边充满了暖色调，周边国家的对华关系没有出现一场危机级别的冲突或摩擦，前几年与中国关系比较紧张的几个国家都在同我们改善关系，就中国周边关系的全景来说，现在堪称处在最好的时期之一。

中朝、中印、中日、中韩几组双边关系齐头并进改善，还有南海局势的进一步缓和，南海行为准则谈判进入快车道，这一切可谓重塑了中国周边环境。与此同时，中俄全面战略协作伙伴关系继续发展，中亚五国对华友好关系非常稳定。

周边外交对所有国家来说都至关重要，而处理好周边外交又并非很容易。举望世界，邻国关系冷淡甚至敌对的情况比比皆是，而这种情况对外交资源的消耗常常是无底洞。

中国处理周边关系的难度其实很高，这首先是因为中国是拥有邻国最多的国家，而且周边地区的人口也很稠密。二是因为西方列强对中国及周边的殖民侵略史留下一些问题和矛盾，比如划界不是很清楚。三是历史上一些国家同中国交往的记忆比较复杂，对中国存有疑虑。

这两年中国与周边大的问题都得到了管控，从而使得改善关系在中国周边实现了全覆盖，这很了不起。中国在这当中贡献了最大的动力，这样的结果也显示，中国塑造周边的能力在增加。

中国的经济发展对周边形成了越来越强的魅力，中国几乎是所有东盟国家的第一大贸易伙伴，也是所有东北亚国家的第一大贸易伙伴，此外中俄、中印贸易都加速发展。中国在周边的投资也是美国越来越没法比的，打个未必恰当的比喻，美国只是在中国周边"发奖状"，而中国是"发奖金"，这种区别时间长了就会起作用。

实力强了，中国没有对周边搞霸权主义，反而表现出更多的尊重，对周边争议表现出越来越多的耐心。自信对中国社会处理与周边摩擦时的态度产生了多种效果，但总的来说推动了中国公众对国家亲诚惠容周边外交理念的支持。

华盛顿这两年强调"美国优先"，让中国周边国家感受到来自美方更大的不确定性，这也增加了周边国家改善对华关系的积极性。

从战略上说，周边实力水平与中国的差距越拉越大，这让周边国家搞好对华关系的动力更大了。而主动挑战中国核心利益，与中国作对，一般不会成为周边国家的选项，对此中国社会应心中有数，客观认识周边国家对华关系的基本心理。

当然，中国与周边国家关系仍会长期存在两项困扰，一是领土纠纷，二是美国的干预。而在很多时候，前者成为后者的支点和抓手。

与周边国家管控好领土纠纷是中国搞好周边外交的一项重要经验。美国从搞"亚太再平衡"开始，主要就是从周边国家与中国的领土纠纷切入，那一段经历也告诉我们，美国干预对中国国家安全的现实威胁要比领土问题所产生的波折带给我们的威胁大得多。

只要中国认真践行亲诚惠容理念，我们塑造周边的能力就远强于美国在我周边搞破坏的能力，这一点在中国周边形势这两年的变化中得到进一步证明。

　　2018 年 2 月 28 日，胡锡进与中国驻菲律宾大使赵鉴华交谈。赵大使是一位真正的东南亚通，他说，中国已经很强大了，但我们的社会仍要保持对外谦虚的心态，其实每个东南亚国家都有值得我们学习的地方

中国外交可以理出几大线索，即大国外交、周边外交、与发展中国家的外交、多边外交等。现在只有大国外交中的美国外交出了突出问题，其他各个方向的外交都在飘红。中国要有一个信心：只要其他方向的外交都做得好，尤其是周边外交保持稳健，美国就奈何中国不得，中国也将拥有开展对美外交的更多主动性。

中西意识形态分歧，如何应对？

中国是共产党领导的社会主义国家，这样的政治体制将中国人民凝聚了起来，释放了中国社会深处的巨大潜力，彻底改变了这个国家一盘散沙的混乱局面，扭转了中华民族的命运，让我们站到了今天颇具全球竞争力的位置上。因此中国必须坚持这一被证明符合自己国情且创造了惊世成就的国家道路，在政治上绝不动摇。

同时中国的巨大成就让包括美国这样巨人的西方世界感到了危机感，他们从不太计较中国的发展模式到开始钻中国发展道路可能会危及他们利益的牛角尖。中国与西方的意识形态分歧变得比以往任何时候都更加敏感，如何处理这一分歧成为我们越来越具有挑战性的考验。

我在此谈一点个人对这个问题的思考。我认为，意识形态分歧原本不是中美关系的决定性因素，美国对中国逐渐增长的敌意首先来自其地缘政治方向的传统思维，以及对中国经济高速增长的严重不适感。但是意识形态和地缘政治等其他问题从来都是搅和在一起的，而且前者是开展政治动员的天然工具。中国与西方的价值差距越大，华盛顿的政治精英越容易煽动美国社会乃至整个西方社会对中国的全面警惕，推动西方世界对中国不利的舆论氛围。

在这种情况下，**我觉得，中国社会治理有必要建立起不与西方扩大意识形态对立的意识。我们可以对发展道路和国家安全的核心及重大领域进行梳理，对政治性并不强的领域也进行梳理。对前一类领域，我们必须坚持政治优先原则，确保国家的政治健康和稳定。后一类领域则可以允许与西方世界更多的相通性，缓解在普通人日常交往和生活层面上的中西隔阂，这样会大大增加西方民众对中国的好感，同时增加少数美国政治精英把意识形态作为全面反华动员工具的难度。**

比如适当放松非核心领域的社会管控，增加不涉及国家安全那些领域的弹性和灵活度，让中国的社会风貌与西方有更多接近之处，是非常有利于拉近西方民众对中国的友好感情的。在这方面我们可以主动做调整的空间其实蛮大的。

一个问题是，如果放松一些领域的社会管控，是否会危及国家的政治安全呢？我认为对此应该这样看：中国的国家安全风险来自于内外两个方向，目前和今后的趋势是，外部的风险越来越大，已经成为我们常说的"主要矛盾"，而我们控制这种风险的杠杆相对最弱；内部风险经过综合治理取得诸多成就后，目前处在相对很低的时期，而且我们控制内部风险的杠杆非常充裕，能力也非常强。适当放松一些领域的社会管控将增加的那部分风险完全是可控的，不应被高估。而由此激发的中国社会活力以及新增的中国对外交往资源都将非常大，对增进国家安全无论从哪个角度计算都绝对利大于弊。

适当缓和中西一些观念和意识的紧张，在中国走向现代化的路上具有适当缓和中西一些观念和意识的紧张，在中国走向现代化的路上具有长远意义。中国的发展模式需要最终与外部世界融为一体，让构建人类命运共同体逐渐落实，中西要相互靠近，而不是加剧对立。中国作为崛起大国，展现超越意识形态分歧的主动性，是我们自信的表现，也是我们打破西方政治精英对社会主义妖魔化宣传的应有作为。

我最后想说，缓和中西意识形态分歧需要双向努力。中方这方面的努力会在西方产生复杂的反应，但那些反应中一定会包括对我们这样做的积极回报。

中外价值摩擦似越来越多，怎么办？

近一个时期，不断有外国公司或机构在台湾、西藏等问题上发布的错误信息被发现，导致中外舆论频频摩擦，万豪、无印良品、ZARA、奔驰等大公司先后跌跤。另外五角大楼的网页图片、韩国电视台的字幕也被发现问题，给人的印象是，这样的事情层出不穷。

面对无穷无尽的这类摩擦，我们今后该怎么办也作为问题被一些人提了出来。其中有一些人认为这种事情根本管不住，中国人对它们反应过激会被外界看成我们不自信，反而会增加一些外部势力刻意挑衅我们的兴趣。比如德国 U20 赛场上出现"藏独"标语，中国球队罢赛，那么以后"藏独"分子就会更乐于使用这一招。

不能不说，这是两个价值体系十分复杂的博弈，很难用一个绝对的原则来指导千变万化的具体情形。在此我们尝试对以往的经验和主要难点做一个梳理。

首先，斗争是必要的。拿台湾问题来说，维护国家的领土完整本来就是一项艰难、有代价的工作。选择和平统一，就意味着我们需要用日常的、不断的付出来代替一场剧烈的流血代价。只要台湾问题存在一天，我们就不能幻想可以不为防止"台独"的恶性膨胀花费成本。

第二，斗争总的来看是有效的。由于不断努力，"台独""藏独"的影响力大体都被控制住了。各国政府、与中国大陆存在紧密联系的外国公司、机构以及个人都建立起了对这些问题"很严肃"的认识，有了一旦在这些问题上踩中国红线必将招致中方反制的相当肯定的预期。一些重要的规矩应当说在中外之间已经形成。

第三，**"小粉红"群体是互联网时代监督外界严格遵守中外之间规矩的一根鞭子。他们每错必究，谁错抽谁，而且"虽远必诛"。**他们的征伐有时候管用，有时候未必管用。国内一些人欣赏他们爱国，另一些人则嫌他们"太激进"，认为他们有时让中国"自取其辱"。不过客观看，"小粉红"几乎成了各路犯规者最惧怕的力量。现在台湾艺人几乎没人敢耍两面派了，各大公司也变得围绕中国红线越来越谨慎小心，其中很大一部分压力就来自那些"小粉红"。

第四，还要看到我们的力量是有局限的。中国庞大的市场是目前我们威严的最大源泉。遵守在台湾、西藏等问题上规则的绝大部分外国力量和机构都是因为与中国市场有直接或间接利益关系，包括外国政府，也是担忧中国开展报复会影响他们国家同中国的商业关系。而那些与中国市场没什么关系的力量和人，就可能恣意妄为了，我们很难找到办法制约他们。

第五，我们拿他们没什么办法的那些力量主要是外国媒体、一些议员、激进组织，以及希望冲中国"碰瓷"扩大自己知名度的各种边缘性力量，等等。

由此看来，今后的斗争还要继续，有效的斗争尤其要开展，一些我们确实影响不了的力量则犯不上与他们纠缠。我们要在自己占优势的位置上开展斗争，发现打不赢时也不必沮丧。我们要清楚谁的赢线都不可能无限长，但却是可以逐渐延长的。

还有一点我们要很清楚，中国崛起过程中可能一直都会挨骂，都会被挑衅。但是那些骂声和挑衅会逐渐变得对我们越来越不重要。要说我们埋头做好自己的事情，别人说什么都可以无视，但这是一种理想主义。现实就会是中外不断磕磕碰碰的，这种磕磕碰碰从我们很在意慢慢会变成别人很在意。重要的是每一次磕碰我们都尽量不吃亏，善于掌握适度，而且最好气着别人，而不是气着我们自己。

驻华记者："最理解中国、也对中国最好的外国人群体"

德国明镜周刊记者灿特（Bernhard Zand，奥地利人）

来采访我，问我一堆问题。我是做好了准备他写出的文章"黑"我一把的。前不久英国经济学人记者采访我，文章出来把我"黑"得够呛。

但是采访结束时，这位叫灿特的记者对我说，他很热爱中国，中国这里有那么多激动人心的故事，他已经在中国工作很多年。他特别强调说，外国驻华记者群体是这个世界上"最理解中国、也对中国最好的外国人群体"，他说得我心里直打鼓。他的中文助理帮着说，灿特先生的确很热爱中国，他是明镜周刊的资深记者，想去哪里工作编辑部随他挑，但中国是他唯一想待的地方。

外国驻华记者群体最理解中国，还对我们最好？是这么回事吗！这与我们的实际感受差着十万八千里吧！他们什么时候说过中国的好话？他们笔下的中国到处都是受尽迫害的异见人士，而且怀抱着一颗准备颠覆世界的野心，这就叫理解我们，对我们好？说句实在的，西方世界对中国有这么多误解、偏见，这些驻华记者"功不可没"。

这是我对灿特"喜欢中国"表白的笼统心理反应，我相信大多数中国人听到这种话时，和我的感受会是一样的。

在之后几天里，我又反复琢磨灿特的话，回忆他说话时很诚恳的表情，我又在想，会不会他和很多西方记者的确认为他们在"客观报道中国"，但就是他们的价值观与我们南辕北辙，造成了他们与我们之间铁幕般的隔阂呢？

在生活中我们有这样的经验，一对夫妻，你觉得他们两个人都挺好的，但他们就是过不来，不仅吵得翻江倒海，甚至两个都挺有文化的人还动手，女的把男的脖子上抓得都是血道子，男的把女的打得鼻青脸肿。中国和西方是否就是这样的两个人呢？

西方的价值体系与中国的实在差距太大了，随着中国崛起，双方各有各非常动情的抱怨，不仅我方的能讲三天两夜，西方的好像也足够讲上三夜两天。

老胡不想在这里论中西谁对谁错了，我天天写社评，为我们的国家利益和发展权利申辩。我今天想探讨的是，面对中西的价值困境和利益僵局，我们该怎么办？

光是愤慨，与西方怒怼，看来不解决问题。恐怕我们要接受中西就是充满各种摩擦甚至对立的现实，尽最大努力将这当中的破坏性因素朝着积极的方向转化，以中华民族的气度和智慧走出压力的重围。

中国体制与西方确实差异很大。我们有自己明显的优势，其中最为突出的就是有远高于世界平均水平的社会凝聚力和动员力，社会组织的效率高，加上中国人普遍具有的勤奋和上进，改革开放令中国一发而不可收。西方体制是建立在各种对立和对抗基础上的，它们的媒体是这种对立的鼓动机和催化剂。全球化让中国和西方迎面相交了，西方政客及媒体的进攻性在他们那里或许是平常的，但对我们来说却非常尖锐，让我们难以适应。他们可能觉得不挖苦、不刁难采访对象不过瘾，我们会觉得，这是一种敌意。

仔细想一想，这一切构成了中国作为一个超级成员进入国际社会时必然遭遇的情形，它们是外界从自身利益角度监督、制约中国的过程。我们会发现，很多西方国家对这种摩擦不太在乎，因为它们内部就那样，对外部摩擦更容易适应。中国内部更强调团结，与西方打交道就会感觉十分艰难。

中国要继续扩大开放，恐怕不管我们愿意不愿意，我们都要完成从不适应到适应的过程，将我们很不接受的事情平常化。**外界对我们内部事务说三道四，我们不妨也当成有些极端化的"舆论监督"，如果有道理，我们可以采纳。如果没理，还态度蛮横，我们或者不搭理他们，或者怼回去，但没必要动气。**他们很多时候就是习惯性地瞎嘟囔，说他们干涉中国内政真是抬举他们了。

我觉得中国没必要主动扩大与西方的意识形态冲突，那样的话，扩大改革开放很难。我们搞清楚中西不同传统和体制之间的关系，能够在认识上驾驭彼此的分歧和冲突，就可能一下子轻松很多，变得更从容，收放自如。这样一来，西方与我们打交道也会觉得轻松容易些，双方继续吵吵闹闹，互有进退，但这一切所意味的严重性就会缓解很多。

　　西方驻华记者是西方世界最理解中国、也是对中国最好的群体，老胡的确在尝试理解这句话，同时尝试换个视角看待中西关系。这不会影响老胡坚决捍卫中国利益的立场，但在扩大改革开放的重要时刻，老胡呼吁更多的人与老胡一起这样做，我觉得这也许会有益于我们优化与西方打交道的心态和策略。

第二章

铭记历史

伟大的时代与领袖总是相互塑造
毛泽东，时间越久越被怀念的伟人
假如没有邓小平，想想都会出冷汗
如何看待世界舞台上的解放军？
对比 2008 和 2018，中国发生了什么？
如何评价十月革命？
北约轰炸中国驻南联盟大使馆 20 周年

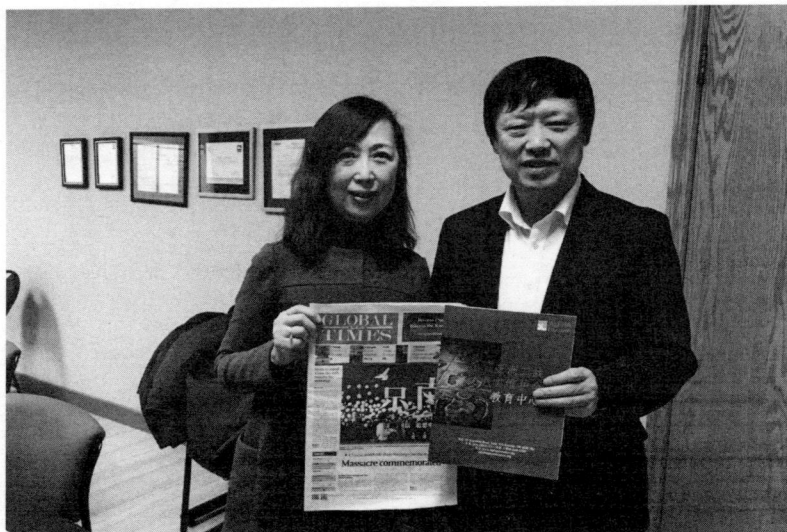

　　2018 年 2 月 4 日 17:50@ 胡锡进微博："【与二战日军暴行平静死磕的女人】香港移民刘美玲女士 2004 年辞去一家公司里的高管职务，为设在多伦多的亚洲二战史实维护会不领薪水全职工作至今。为了让加拿大社会了解南京大屠杀和慰安妇的史实，她与史维会长期进行了平静、顽强的努力。由于他们的持续推动，那段历史被写入加拿大安大略省高中教科书，南京大屠杀纪念日经安大略省议会通过，成为该省正式认定的纪念日。让公众记住东亚二战史，成为刘美玲女士的唯一事业，她的先生、女儿都支持她。史维会现在正筹建亚太和平纪念馆。刘女士说，她一开始只是一名志愿者，后来她为自己了解到的史实震撼，接触到的受害者令她难忘。她唯一希望的是要把那段历史留在社会的记忆中。日本方面很不喜欢史维会，加拿大情报部门前官员出书，造谣史维会受中国政府资助，史维会将造谣者告上法庭并且胜诉。刘美玲表示，史维会没有花过中国政府一分钱，它的运营费用全部来自社会捐助。"

伟大的时代与领袖总是相互塑造

2017 年 7 月 30 日，庆祝中国人民解放军建军 90 周年阅兵在内蒙古朱日和训练基地举行，中国公众和外部世界都耳目一新。身为领袖和统帅的习主席一身戎装检阅现代化的解放军，带给全军和全国人民更加坚定的信心和信念。

建军 90 年，建国 70 年，都弹指一挥间。今天的中国和中国军队空前强大，但这个国家也因更艰巨光荣的使命来到新的历史节点。中国国内改革全面深化，对外关系面临诸多挑战，解放军犹如这个复杂时代带给国家战略安稳的锚。

中国崛起的外部不确定性在增多，我们自己成为营造确定性的重要力量。国内外的问题都层出不穷，这些问题和我们的实力谁主导谁，取决于我们的意志和智慧。中国不是世界最强的国家，但我们已经是很强的国家。强大为我们提供了解决问题的更多手段，同时也让大量问题朝着我们集中。中国决策的复杂性和战略牵动性都在持续上升。

中国太懦弱了不行，太冒进了也不行。中国需要的是坚定和稳健。习近平成为中央和全党的核心，与他成为人民和军队的领袖、统帅，都是时代的答案，与中国在风大浪高的这几年愈发成熟、坚强相辅相成。伟大的时代都是有作为的时代，是与领袖和统帅相互塑造的时代。

当下也是中国近代以来从未有过的和平与繁荣时期，人们得以从容谋划个人的事业及人生，日子越过越好是全社会的普遍要求。而为确保复杂条件下中国进一步的和平发展，帮助十几亿老百姓尽可能地实现个人梦想，中共承载了当今世界各国政府最雄心勃勃、也最沉重的一副担子。这份担子的真实含义并非所有人现在就能理解，它会到历史回顾时更容易看清楚。

中国的党、政府、军队最需要做的大概是担当。这是国家凝聚力对人民福祉和战略竞争至关重要的年代，也是多元化的舆论场对各种杂乱声音常常有所青睐的年代。在当今世界上，有一个坚强的领导核心对大国综合国力是很关键的支撑。

各国之间比实力，同样也比领导人的意志和韬略。当很多国家的领导人忙于秀口才时，中国领导人在投身于实干。谁更了解自己的国家，谁更能团结自己的人民，谁更能鼓舞军队威武善战，这个答案几乎是一目了然的。

中国的前方还有硬仗，硬仗的形式很可能是我们从未见过，也无从通过中外过去的历史经验来了解的。现代国家的决策都有一套体系，科学化、民主化是这种体系的基本精髓。然而各国的历史都显示，所有这一切都替代不了领袖人物的智慧和决断力，后者的远见卓识对一国国运所起的特殊作用常常是无法估量的。

近代中国历尽苦难，最终幸运地在共产党领导下找回复兴的自尊。然而复兴有极高的内部治理要求和我们之前难以预见的国际压力，这是中华民族已经生疏了很久的大考。以习近平同志为核心的党中央为今天的中国把好舵，这无疑是神圣而艰巨的使命，也必将得到历史深深的敬意。

毛泽东，时间越久越被怀念的伟人

2017 年 12 月 26 日是毛泽东诞辰 124 周年。25 日晚上大批民间人士自发聚集到毛泽东的故乡湖南湘潭市韶山的毛泽东广场，纪念这位世纪伟人。在互联网上，"毛诞节"又一次成为热门话题，有关毛时代的各种文章和网帖大有刷屏之势。

毛泽东是中华人民共和国的缔造者，他领导中国革命和为共和国打下根基的传奇，时间离得越久越赢得中国人民的尊敬。当然，伟人都是有缺点的，毛泽东晚年的一些失误也作为党和国家的教训得到总结，成为中国保持政治清醒的一份记忆。

毛泽东领导中共扭转了中华民族的命运，他的功业是有大历史意义的。他晚年的过失也给当时的一些人造成了痛苦，导致了一些对他的负面情绪。客观、正确评价毛泽东同样是中国社会的一项历史任务。应当说，中国总的来说做的是出色的。

一些国家的领袖级人物去世后，出现过对逝者的冲动性否定。中国"文革"结束后，民间一些人也有揪住毛泽东晚年错误而全盘否定他的激烈主张。但是这些情绪没有能够影响中国对毛的主流评价，党在《关于建国以来党的若干历史问题的决议》中，高度肯定了毛泽东的丰功伟绩，强调他的功绩是第一位的，远远大于他的过失。党的这一权威评价符合历史真实，对后来中国社会对毛的认识产生了深远影响。

进入互联网时代后，表层舆论很容易两极化，对毛泽东的态度逐渐被当成了不同政治倾向的最突出标识之一。一些人极力反毛泽东，公然表达对他的仇视，把他说成新中国成立以来各种问题的"罪恶之源"。另一些人因为与上述极端观点斗争，力陈毛泽东的功绩，渐渐拒绝说毛泽东的任何缺点。

然而中国社会对毛泽东的主流评价还是越来越趋于理性，迎合现实政治需要的考虑在减少，对他进行"历史评价"而非"现实政治评价"的倾向在增加。用时代不断演进的过程来验证毛的对错，变得越来越冷静，逐渐超越了短期的一些情绪和较真。

最重要的是，毛泽东缔造的中华人民共和国实现了强势崛起，这证明了毛泽东开创的事业是正确和可持续的。

他和战友们的努力为一份旷世的伟业奠定了根基。

毛泽东领导的是大革命，那场革命也的确重写了中国历史，甚至正在重写世界史。从毛泽东开始领导中国革命到今天，中国和世界都天翻地覆，中国从备受欺凌的半封建半殖民地国家崛起为当今世界最重要的主角之一，中国人民面对西方世界赢回了尊严。为这一伟大变化，今天的中国人感谢不止一代的伟人，但民间想到的第一伟人还是毛泽东。

历史是经不起以"显微镜模式"细看的，再伟大的历史也是这样。一些人以今天价值观的放大镜看历史细节，很容易以人文情绪强行取代应有的历史观。尤其是，有的人把毛泽东时代的某些历史细节直接剪裁下来，粗暴地制造部分现代人的围观场景，以显示当年的"荒诞"。这种做法应当受到谴责。

我们反对诋毁毛泽东，《关于建国以来党的若干历史问题的决议》对毛泽东的评价最全面，也做到了改革开放时代的最大客观性，应当得到长期坚持。毛泽东是经得起后世评说的旷世伟人，对他评价的稳定有助于巩固中国社会的团结，挤压各种极端评价对社会进行扰乱的空间。

我们至今仍在享受毛泽东留下的许多政治遗产，汲取他的晚年过失教训也在帮助我们对避免重蹈一些错误逻辑保持警惕。向毛泽东致敬，中华民族的这一共同情感必将超越时空，历久弥深。

假如没有邓小平，想想都会出冷汗

2017 年 2 月 19 日是邓小平逝世 20 周年。通过互联网可以看到，很多中国人都记得这个日子，并且自发地纪念这位世纪伟人。

邓小平是 20 世纪全世界最卓越的政治家之一，中国官方尊称他为"改革开放的总设计师"，相信随着时间的推移，历史对他的评价有可能比这还要高。从启动改革开放到上世纪 90 年代深刻影响中国的那些年里，邓小平得到大量赞扬，也受到过争议，但回过头来，离他逝世过去得越久，中国内外对他的赞扬和钦佩就越是压倒性的。

中国近代史的主要脉络是追求独立和富强，绝大多数政治主张都围绕着这一主题展开。谁能够推动中国实现以工业化为基础的现代化，谁就是对中华民族做出了贡献的正面人物。

从这个角度看，毛泽东、邓小平都完成了各自的时代使命。毛泽东建立了新中国，实现了国家和民族的独立自主。此外他建立了基础性工业格局，搞出了"两弹一星"，巩固了国家的生存能力。

邓小平推动改革开放带给中国社会的实际改造意义超过了世界上的大多数革命。人类历史上的社会改造大多是通过革命完成的，但革命的社会代价很高，而且很多革命沦落为改朝换代，并未转化成社会的真实进步。改革的社会代价小，因而性价比高，但由于阻力大，很容易失败。无论中外，历史上成功的改革都凤毛麟角，成功的改革者更是罕见。

邓小平强化了实事求是这一党的思想路线，并大力倡导解放思想，把国家带出了长期的"左"倾状态，让经济建设成为中国的长期中心任务。解放思想、实事求是的呼声从此回荡在中国大地几十年。

然而这些远非邓小平功勋的全部。作为一位伟大的改革实践者，在国家告别"左"倾之后，对新出现的西方价值观在中国社会的蔓延之势，邓小平坚定地坚持四项基本原则，避免了国家从一个极端走向另一极端。

上世纪 80 年代，既是摆脱"文革"后解放思想的黄金年代，也是坚守社会主义制度最为突出的年代。

1992 年南方谈话是邓小平对改革开放路线做出的进一步调整。在那之后社会主义市场经济理论得以全面确立，中国特色社会主义道路在经历了几次曲折和修正后，形成了清晰的轮廓和方向。

邓小平是能够做出决定性突破的改革者，也是随时保持清醒认识的稳健政治家。**社会主义的历史显示，突破性的改革容易演变成政治失守，而在上世纪 80 年代末、90 年代初中国遭到西方严厉制裁时，国家又很容易走向与西方的敌对，并因此放弃改革。但是所有这些暗礁险滩，邓小平都带领中国这艘巨轮避开了。**

从 1977 年复出直到他 1997 年去世，长寿的邓小平又陪伴中国走了 20 年，这堪称是上苍赐予中国人民的 20 年。

邓小平的伟大在于他的成功。他延续了毛泽东的成就，并给了后人一份丰富、扎实的政治遗产。他推动了中国现代化，改变了中国社会的面貌，并且让一条可持续的国家发展道路大体定型。在苏联及东欧社会主义国家"全军覆没"的时候，他不仅带领中国稳住阵脚，而且重塑了社会主义制度的竞争力，为中国社会找回自信奠定了基础。

如果没有邓小平，今天的中国或许不曾经历解放思想和改革开放的深刻洗礼，或许因为改革开放的失控，国家已经走向四分五裂。

我们现在身处的中国面临着与毛泽东和邓小平时代不同的新局面和新课题，但是走中国自己的路，过去六十几年的经验至今影响、激励着我们。把马克思主义中国化，西方的一些理论也要中国化，这是最大的解放思想。实践是检验真理的唯一标准，帮着我们不断验算现实政策的正确性。我们如今有了前所未有的力量和格局，无论中国历史还是世界历史，都在改变叙事。

如何看待世界舞台上的解放军？

建设世界一流军队

2017 年 8 月 1 日，时值中国人民解放军建军 90 周年，解放军成为全球舆论的明星。把解放军放到世界舞台上说一说，是很有意思的一件事。

首先，解放军是中共领导的军队，是人民子弟兵，军队性质的这一标识在世界上独树一帜。这源自解放军的历史，契合中国的国情，大国中也只有中国能做到这一点，并长期加以坚持。解放军在国家战略制定和执行中一直扮演积极角色，是国家力量的基石，同时它忠诚、守纪律，军队越权、政变，这种很多发展中国家司空见惯的事情，在新中国从未发生过。

中国 2017 年度国防预算已经达到 1514 亿美元，超过 1000 亿美元已有 6 年，居世界第二位。这一军费规模约为美国的 1/4，是第三名印度的 3 倍。另外中国是制造业大国，重工业和航天、电子工业的能力接近世界先进水平，高新技术等研发能力也已进入世界前列，这一切勾勒了解放军力量的大轮廓。

解放军不是全球化军队，它的战略防线与美军相比非常短，南海是解放军防御新的重点地区，但南沙离中国本土只有 1000 多公里。本土和近海是中国国防力量分布的核心区，随着中国国家利益向全球延伸，中国蓝水海军正在建立中，但解放军防线的延伸看上去很谨慎，大规模开展"外线军事活动"，解放军在可预见的未来不像会这样做。

解放军的战线短，有利于大大增强中国在战略防御核心区域内的军力构建。解放军早年就有"集中优势兵力"的战略及战役传统，这一传统看来延续到了今天。这意味着，虽然解放军的总力量弱于美军，但在中国近海，情况就截然不同了。至于中印，解放军的优势是压倒性的，印军没有补足自己短板的筹码。

全面发展是解放军的另一大特点。解放军志在成为全球一流军队，因此从卫星导航系统到各类主力舰艇，还有各种先进战机，中国都在全力建造。每隔几年解放军的综合战力都会得到刷新，它是世界上全方位军事能力增长最

　　2018 年 11 月 10 日，胡锡进与张召忠少将一起上节目，胡锡进说："局座曾是海军，老胡曾是空军，制海权拼制空权，应该是场鏖战。"

快的一支军队。

中国已经近 30 年没有卷入战争了，解放军的士兵和中低级军官基本无实战经验，它的先进装备也没有经历实战的洗礼。不过各国军队同样没有与解放军对阵的经验。最近几十年的战争几乎都是大国打小国的，大国之间从未交手。强军打弱旅经验的价值是要打折扣的，大国军队之间的交手大家都很陌生，因此面对解放军，任何外军都占不了心理和意志上的便宜。

解放军的使命与国家现实战略浑然一体。解放军不具有侵略性，因为中国奉行和平崛起路线，坚持不干涉他国内政原则，这决定了解放军不会四处出击。然而中国国家利益不断扩展，解放军的任务也会随之增加，一些国家不习惯在中国近海之外的地区看到中国军队身影，那么它们就须逐渐习惯起来。

轻视解放军，有导致自己犯重大错误的风险。宣扬"解放军威胁论"，同样会严重误导自己。看看美军在世界上有多少基地，它的战区是如何在全球范围内划设的，甚至与英法俄军队在本土外的表现比一比，解放军的内敛可谓一目了然。尊重解放军，与解放军做朋友，这不失为各国和各国军队有智慧的选择。

我国的国防支出多不多？

2019 年 4 月 29 日，瑞典斯德哥尔摩国际和平研究所（SIPRI）发表年度报告显示，全球 2018 年的军费支出达到 30 年来的新高，总计 18000 亿美元。其中美国独占鳌头，占了全球军费支出的 36%。

中国这些年的国防支出一直稳居全球第二，中方公布的 2018 年国防支出是 11069 亿元，占 GDP 的 1.23%。2019 年的国防预算为 11899 亿元，较上年增加 7.5%，略高于当年 GDP 的计划增幅。

西方研究机构一般都高估中国的军费，SIPRI 宣称中国 2018 年国防支出占 GDP 的 1.9%，远高于中方公布的数字。SIPRI 给出的其他几个军费大国 2018 年国防支出的 GDP 占比是：美国 3.2%，沙特 8.8%，印度 2.4%，法国 2.3%，俄罗斯 3.9%，英国 1.8%。

中国的国防支出多不多呢？按照 GDP 占比看，显然不多。美国要求北约盟国的军费都要达到 GDP 的 2%，而中国离这个比例尚有距离。如果用人均的国防支出来对比，中国的军费就更显少了。

美国等一些国家当然希望中国的军费越少越好，它们经常从中国已经是世界第二军费大国的角度进行炒作，不过这种炒作并未对中国军事建设产生实际阻碍，中国的军力一直按照自己的节奏稳步发展。

最重要的是中国国内要了解中国安全形势的变化，支持国家的国防建设正常加速，坚决拒绝审视这个问题的民粹主义视角，不被那些试图干扰中国国防事业的西方舆论带了节奏。

要看到，随着中国崛起，美国将中国定位成战略竞争对手，其各种对华胁迫性行动将会在未来增多。中国的军力水平怎么样，一旦出现危机时中国的战略意志能否有足够的军事支撑力，是美方设计对华政策、甚至决定是否发起一项挑衅时的主要考量之一。

有人说，不打仗，军队用不上，昂贵的军事装备就是摆设。这种看法是严重错误的。中国每天都在使用自己的军事力量，那些力量产生的威慑力在持续参与塑造外部世界的对华态度，一分钟也没有离开视中国为对手的国际力量的视野。

一个家庭富裕了，安全措施就要跟上。一个国家更是如此。中国随着财富的积累，必须将更多的财力转化为强大的国防能力，军费的 GDP 占比在全世界被用来描述一个国家的国防状态，是有道理的。如果一个国家的财富增加了，国防能力却停滞不前，它就有成为各种"劫掠"目标的风险。所以军力弱不一定就有助于和平，反而更可能

招来战争。

中国的国防政策是防御型的，因而总体是温和的。中国军费的 GDP 占比在大国中很低，原因是中国没有以军事力量为先导开展地区乃至全球扩张的意愿。中国与世界打交道的主要方式就是发展互利共赢的经贸合作，遇到问题用协商的方式解决，中国有了航母后去轰炸一个遥远的对立国家，或者向它发胁迫性的最后通牒，在今天的中国人看来是不可思议的事情。

文无第一，武无第二，由于头号超级大国美国已视中国为主要战略竞争对手，防止美国的对华军事胁迫是中国国防建设的长期使命。中国没有、也不追求可以主动出击挑战美国的军事能力，但我们必须建立起足以让美国也不敢在西太平洋攻击中国核心利益的国防力量。在未来它有可能不再是中国国家安全的上限，而成为一条基线。

美国要的是全球霸权安全，而中国要的是真正的国家安全，它也是全体中国人事业和生活的最外部的一道屏障。我们没有退路，必须要让这道屏障越来越强。

有没有"东风—41"，中国对外界来说是不一样的

2017 年 1 月，台湾和香港多家媒体报道称，大陆互

联网上日前曝光了"东风—41"洲际导弹现身公路的照片，从照片同时拍到的地方车辆的牌照看，地点属于黑龙江省大庆市。军事评论员据此推断，这很可能是传说中的第二个"东风—41"战略导弹旅，它的部署地点应该是东北。

根据中外媒体不断传出的消息，"东风—41"是陆基机动洲际弹道导弹，射程高达 1.4 万公里，每枚导弹可最多携带 10—12 个核弹头，"东风—41"可沿公路、铁路机动，生存能力强，并可打击世界任何目标。由于飞行速度极快，且有成熟的分导技术，并采取了突防措施，很难拦截，它被广泛认为是当今世界最先进的洲际弹道导弹之一。

关于"东风—41"的猜测性消息不断出现，它的列装情况显然是中国最高军事机密。不过世界军事专家大多认为，"东风—41"的研制已经完成，具备了列装的条件。至于中国是否已经拥有"东风—41"战略导弹旅，以及有几个这样的导弹旅，它们部署在何地，目前没有权威的官方信息。

一些媒体分析称，"东风—41"导弹的上述"亮相"是中国军方有意为之，并且把它与特朗普就任美国总统联系起来，认为这是北京对特朗普一系列对华激烈言论的回应。这样的分析具有高度的主观性，它们在多大程度上符合实情，无人知晓。

不过，特朗普执政团队在上任之前做出了一些对中国的强硬姿态，这会促进中方针对美国新政府对华施压的接招准备。"东风—41"作为战略威慑工具受到北京的特别重视是合乎逻辑的，中国将这种技术上已经成熟的先进战略导弹加快列装不会是针对某个特殊事件的，但它作为中国巩固战略威慑的一项关键措施会让中国面对每一项新战略风险时变得更加自信。

　　总体看，中国的战略风险随着中国崛起不是下降了，而是在不断上升，这样的趋势中国过去不太熟悉，也有点无奈。中国未来捍卫国家安全的任务很重，核威慑力是中国国家安全的基石，这一威慑力显然应当随着中国战略风险的提升而不断巩固。

　　在这个问题上，我们切不可犯幼稚病。美国拥有世界最强大的军事力量，包括最先进和强大的核武库。但是特朗普就任美国总统前后表示要重建美国军队，包括要发展更强大的核力量。华盛顿尚觉得他们的海军和核力量不够用，被视为美国"最大潜在对手"的中国有何资格认为我们的核力量"差不多就行了"呢？

　　中国的核力量必须强大到足以让任何国家都轻易不敢动与中国军事摊牌的念头。一旦有谁对华发动军事挑衅，我们可以毫无顾忌地予以坚决反击，任何对华核威慑都应被中国强大的核报复能力归零。

说到美国，中国当然不希望与之发生任何军事冲突，但是光我们有这样的愿望还不够，中国拥有强大核武库能够促进美国稳定保持同样的愿望，避免华盛顿在某些时候产生对华政策冲动。

从这两年的情况看，美国对华军事尊重还没有达到应有的水平，美太平洋司令部的高官们不时露出愿意秀一秀肌肉的傲慢，特朗普团队在候任期间也针对中国核心利益有过一些轻率表态。为解决这些问题，仅仅通过沟通和增进相互了解是不够的，中国必须建立起足以令美国方面尊重我们的战略军事力量。

"东风—41"如果确实列装，并且在适当时候正式公开亮相，将为巩固中国国家安全树立起一根新的支柱。它加入解放军战略导弹部队当然平衡不了中美核武库数量上的差距，但它将使中国二次核打击能力变得空前可信，从而促进中美之间战略上的相互尊重。

有"东风—41"和没有"东风—41"的中国对外界来说是不一样的，这就是"东风—41"所具有的伟大意义。我们期待这一广受世界舆论关注的中国战略利器早日大大方方地出现在全球公众的眼前。它不会带来"中国威胁论"，它只会让人民解放军更加不怒自威。

001A，中国崛起大书的其中一页

2017 年 4 月 26 日上午，中国第二艘航母、也是第一艘完全国产航母 001A 的下水仪式举行，这是中国海军建设及整个国防建设的又一标志性时刻。航母是大国的重要战略工具，也是大国威慑力最有效的展示平台。自冷战结束以来，航母在地缘政治冲突中扮演的角色十分突出，进一步增加了它的军事及战略价值。中国获得自主研制生产航母的能力是我们最终成长为一流强国不可缺少的一环。昨天的航母下水仪式是我们迈出了这关键一步的记录，可喜可贺。尽管还需要不短时间，但是中国拥有多个航母战斗群已经是可以期待的未来图景。不过，我们高兴、自豪，同时也要保持战略上的平常心。这种平常心至少包括两层含义。 第一，中国在全面进步，军事建设除了航母的成就外，还有多个其他亮点。核潜艇、先进战机、大型运输机、战略导弹等等都不断获得新突破，中国国防能力在实现体系性提升。**这一轮国防进步不是中国勒裤腰带搞出来的，而是中国整体经济和科技实力不断积累基础上的水到渠成。中国已经进入经济健康发展和国防建设良性互动、彼此促进的新时期，解放军越来越强大，具有了与国家发展同步的惯性。**因此方方面面的军事突破都是可以预

2018 年 2 月 8 日，胡锡进在大连造船厂，身后新的国产航母已经初显雄姿

期的，国产航母下水只是中国崛起这部大书的其中一页。第二，很多人都在指出中国国产航母与世界上最先进的美国航母尚有很大差距，还有人说，日本在"二战"之前就能造航母了，为中国建造航母所处位置勾勒了一个极端坐标。即使扫兴的话，也应该听。中国崛起或许已经走了前半程，没人敢说后半程会比前半程更容易，风险会离我们更远。当中国还很弱的时候，周边国家就是我们的参照。但当中国成长为世界大国的时候，某个领域强或者弱，世界最高水平就注定成为我们的唯一参照。除了打乒乓球世界第一看来"容易些"，另外总量第一好像也不是很难，其他要想什么跻身世界一流水平，中国人都需竭尽全力。

001A 不像激动的军事发烧友说的那么了不得，也不像有些"美粉""西粉"描述的那么无足轻重。它是中国军力建设和整个国家实力建设新的里程碑，中华民族伟大复兴之路需要无数这样的里程碑铺成台阶和桥梁。大国都必须是实力全面的，不能有一个关键的短处。现在中国被外界拿住的"短"还是太多了。从国家主权和统一的最后一公里以及一些隐忧，到至今多个领域核心技术的缺失，还有内部治理容易被外部势力渗透的薄弱处，等等。中国不能没有航母，但有了航母，其他短板如果补不上，我们仍将是有遭到外部袭击风险的国家。国产航母代表了一种精神。想想看，上世纪 80 年代筹划中国航母战斗群的时候，那个目标显得多么遥远。然而我们一步一个脚印走过来了，从举步维艰到今天步履稳健。中国的几乎每一个领域都书写了或正在书写这样的故事。就这么走下去，中国前途光明，中国人也将分享国家愈发强盛给人生大环境带来的革命性变化。

055，一舰看懂自我看清天下

2017 年 6 月 28 日，中国第一艘 055 型万吨级驱逐舰在上海江南造船厂下水，成为中国自主建造海军主力战舰新的里程碑。055 型驱逐舰虽然可能仍有些方面落后于美国最先进的朱姆沃尔特级驱逐舰，但它被广泛认为已经迈入世界驱逐舰的一流水平，它将在中国建设蓝水海军的进程中扮演强有力的角色。

中国一口气吃不成胖子，这个道理正被海军一件一件添置大型先进装备的漫长历程所验证。无论我们的发展速度有多快，站在美国海军这个真正的大胖子面前，今天的中国海军仍显得有些瘦。有人粗略计算，即使中国舰艇继续以"下饺子"的速度建造，大体达到美国海军的规模从现在起也还需要半个世纪。

半个世纪往往不是值得国际政治予以探讨的时间单

位，它长得让任何战略描述难以抓住首尾，它更适合走进科幻小说和各种不扯白不扯、扯了也白扯的清谈。

中国海军因此不可能以与美国开展"装备竞赛"作为发展的主题，如果中国人那样想和那样比，未来的半个世纪将把我们急死，日子就没法过了。

我们的海军装备建设必须围绕国家紧迫的安全需求展开。我们需要多个航母战斗群，那么这些战斗群就应该以最快的速度建造出来。我们的驱逐舰需要更新到世界一流水平，那么这种更新也一定要做到。展望未来一二十年，这些都是中国力所能及的。

中国人没有做全球霸主的集体野心，这种野心与我们的传统文化心理有着根源上的格格不入。直到今天，恐怕心眼最活泛的中国人也没有想象过中国把全球划分成几个司令部，我们在世界上建几百个军事基地，时不时在北斗系统的帮助下，中国的精确打击力量教训几个其他大洲的蟊贼，让"虽远必诛"像打乒乓球一样轻松、熟练。

这个国家准确说仍没有从过去"被欺负怕了"的心理中彻底走出，中国的海军建设至今、包括今后很长时间恐怕都会以"别再被欺负了"为目标。克服历史投射过来的不安全感，这是中国社会必须经历的长征。

我们的大陆国土再也不能被外族的铁蹄践踏了，这方面的自信在一段时间以前就已经真正确立了。台湾岛已被牢牢抓回到祖国的手心里，这个自信仍在建立中。南海不能是哪怕美国那样的强权肆意威胁我们的地方，这一把握还需不断添上新的砝码。

还有中国的商业航道不能是谁都敢公然或暗示加以威胁的，我们的这一决心必将逐渐形成，并配以实力的支撑。

不能不说，这是人类历史上崛起大国最谦逊、保守的战略目标清单了。中国人的脑和手能够跟得上我们自己的心，国产航母和 055 型驱逐舰前后脚下水，展现得正是这个国家想自己该想的，并确保自己心想事成的稳健。

即使未来某一天中国将有一支全球最强大的海军，今天的多数人应该也看不到了。但是同样今天活着的多数人将会看到我们建成一支再也没人敢欺负或予以挑衅的海军，这最重要。055 很棒，除了它那些令人骄傲的技术参数外，还包括它隐含着有 057 等更多序列兄弟的强大潜力。

中国人决不能狂，也切不可妄自菲薄。从不同角度看 055，一舰可以看懂自我，也可以看清天下。喝一杯庆功酒吧，但千万别喝醉，明天的苦干需要我们所有人清醒。

辽宁舰停靠香港是历史的一个感叹号

2017 年 7 月 7 日早上，辽宁舰航母编队抵达香港，开始了 5 天的访港之旅。驻港部队派发的 2000 张辽宁舰参观券被香港永久居民一抢而空，这是香港首次迎来中国自己的航母编队，其轰动性从香港的街亭酒肆一直扩展到不少西方的媒体上。

这是辽宁舰首次向公众开放，香港市民也因此成为第一批登上这艘航母的群众参观者，加上 7 月 7 日正值日本侵华的"七七事变"80 周年，对这次辽宁舰编队访港的意义，舆论可以总结甚至发挥的空间大概要多少有多少。

毫无疑问，这是一次闪烁着爱国主义的访问。香港当年是在中国最孱弱的时候被迫割让给英国的，那时的中国几无海防可言，沿海对西方列强近乎洞开。直到 80 年前，偌大的中国被小岛国日本肆意蹂躏，作为英国殖民地的香港又被日本士兵的军靴踩踏。所有屈辱在 20 年前结束，辽宁舰访港再次标记、刻画了香港所处的新时代。

很希望辽宁舰编队能到中国每一个沿海城市停靠，让尽量多的国人有机会上舰参观。香港成为未来中国航母与国人一系列交流活动的首站，反映了国家对香港的重视。从某种意义上说，香港现在的确是维护国家团结和统一的前沿，这里是中国现代治理的一个微妙焦点。

香港已经回归祖国 20 年，辽宁舰停靠在这座中国自己的城市，竟被西方一些媒体及香港极少数极端声音称为北京"炫耀武力"，"向香港社会施压"。这种奇异的逻辑可以看成是香港作为英国殖民地那段历史的一块残片，它锈迹斑斑，但还没有被完全送入它应该去的历史垃圾箱。

这显然不会是祖国航母编队唯一一次停靠香港，解放军舰队的到来是城市的喜事，但会有极少数人感觉不自在，觉得受到某种"威慑"，既然他们那样感觉，那就让他们心里的"鬼"去颤抖好了。

辽宁舰的确不是游艇，它是国家力量的象征，国家力量以保护人民为己任。与广大人民站在一起和站在人民利益对立面的人，会在面对国家力量时有截然不同的感受。**辽宁舰编队是香港广大市民的朋友，也是他们利益的保护者，在这么一座命运坎坷的城市里，人们得以与中国最强大的海军编队亲近，这是历史的一个感叹号，中国人懂得它的热烈和凝重。**

香港是历史和现实各种情感的交汇点，也是中西力量开展复杂互动和博弈的摸索点。辽宁舰的停靠会成为这里大量信息当中的一道刻痕，人们了解、感知香港有无数角度，尤其对外部世界来说，辽宁舰成为了他们观察香港的众多角度之一。

在很长时间里，人们爱国主要靠中国的悠久历史牵引，另外就是出于眷恋故土的天性，国家再穷，我们也爱它，爱国成为一种坚持甚至奉献。今天的国家不断强大起来，富足起来，它从一个令人悲悯的对象一步步变成我们骄傲的来源。

辽宁舰、航天员，还有奥运金牌获得者等纷纷来到香港，他（它）们都是现代中国的符号。今天爱国越来越多是快乐，而不再是唏嘘与长叹。希望香港社会与辽宁舰度过开心相处的难忘时光。

今天不是 1937 年，南海也不应是卢沟桥

2017 年 8 月 1 日早上 9 点，美国海军说一名"斯特塞姆"号驱逐舰上的士兵点被报告在南海失踪，当时那艘驱逐舰位于菲律宾苏比克湾西部约 140 英里，也就是约 225 公里处。美国和日本的船只、飞机加入了搜寻。

"斯特塞姆"号驱逐舰曾在上月 2 日进入西沙群岛中建岛 12 海里宣示所谓航行自由，中方当时表达了抗议。更早的时候，"斯特塞姆"号曾在 2015 年 11 月访问上海。

美日船只和飞机在南海搜寻失踪士兵的消息传到中国，很多网友立刻联想到了 1937 年 7 月 7 日的卢沟桥事

变，当时日军在卢沟桥附近以搜寻一个失踪士兵为名，在遭到拒绝时向中国军队发动了进攻。有人警惕地提出，这是在玩日本人卢沟桥"七七事变"的套路吗？是卢沟桥 2.0 版吗？

客观说，今天不是 1937 年了，当下的中外力量对比和地缘政治大形势都已不可同日而语，时代方向也已不同。南海没有紧张到临战状态，美日也没有对中国开启战争的决心。因此这件事演变成为一场惊天动地南海事变的序曲，可能性极小。

2017 年 6 月的时候，美军"希洛"号导弹巡洋舰在冲绳附近也丢了一名士兵，美军大动干戈，在舰上和海上同时找了 2 天，直到第 3 天发现，这名士兵躲在了"希洛"号的轮机舱的一个角落。他当时目光呆滞，被疑患上了战地创伤应激综合征。不排除这次"斯特塞姆"号舰上士兵失踪也是一个类似故事。

不过，中国网民的这种警惕反应有很深层的原因，因此这一动向恰恰值得美方高度重视。**不仅历史会向现实投射，这一联想被当成一种敏锐在不太了解中美关系实际情形的网民中间广泛传播，更重要的是，它反映了美国的外交形象如今在中国越来越差，把它与军国主义的日本相提并论也不显得扎眼。**

可以肯定地说，绝大多数中国人都深信美国来南海不

　　2019 年 2 月 27 日，菲律宾外长洛钦接待胡锡进。在谈到南海问题时，他说菲律宾绝不会放弃对那些岛礁的主权，同时表示中菲之间同时还有其他重要的事情要做。他称南沙岛礁是"几块石头"，并且说，别人都担心全球变暖，但他很希望全球变暖造成海平面上升，把那几块石头全都给淹掉，南海问题也就彻底解决了是为了和平，它就是来搞地缘政治、找中国麻烦的。所以当有人敲"南海版卢沟桥事变"的警钟时，即使其中有人是在抖"地缘政治脑筋急转弯"的"包袱"，也让人感到几分贴切。

南海局势总的来说朝着缓和方向变化，围绕南海行为准则框架的谈判取得了进展，中菲恢复了友好，中越展现出和平解决摩擦的能力。现在南海局势的不确定性几乎都来自域外国家的干预，而美国是这种战略不安的总源头。

特朗普总统上半年批准了美国海军在南海搞"航行自由行动"的一揽子方案，美国将军们今后搞巡航的批准流程有所简化，军方的自行裁量权实际扩大了。换句话说，美国海军有了影响中美关系的更多权力。

权力大，责任就重。美国海军会出几个类似当年日本关东军或者驻华北日军里的激进军官，把中美关系引向对抗吗？我们希望这种猜想被最终证明是荒诞的，美军将不齿当年日军的那种角色。

海上阅兵式，展示的远不仅是力量

2019 年 4 月 23 日下午，庆祝人民海军成立 70 周年海上阅兵活动在青岛附近海域举行，它展现了中国海军最近 10 年新的建设成就，也展示了中外海军共同维护地区和平与稳定的强大意愿。与 2009 年海军 60 周年海上阅兵相比，中国海军的力量建设和软实力建设都取得长足进展。

最近几年，国际上常有中国海军已是"世界第二大海军"的评述，这种说法未必是准确的，但它反映出世界对中国海军成长之迅速的注意和承认。中国是近年下水舰艇总吨位最多的国家，这得益于中国造船业能力的超级强大，以及海军装备技术的不断积累和突破。

中国已经是世界第二大经济体、第一大货物贸易国，海军战略从近海防御转变为近海防御与远海护卫相结合。拥有一支更强大的海军已是中国国家安全的当务之急，令人欣慰的是，中国海军建设的脚步跟上了国防使命的变重和延伸。

中国海军与美国海军还有巨大实力差距，但是中国在力量建设加速的同时，我们划定的核心利益线短而且稳定，这使得中国实际的国防有效性不断增长。中国的国家安全是亚太和平与稳定的关键部分之一，中国的自信对营造整个地区稳定与合作的氛围发挥了积极作用。

这次国际上共有 13 个国家的 18 艘军舰参加青岛海上大阅兵，与中国有领土争议的主要国家都派军舰来了，美国的亚太主要盟友也都派军舰来了。这充分显示出，中国与这些国家较好地管控了彼此的分歧，中国在其中扮演了重要角色的地区内友好合作有着强大活力。

美国未派军舰参加这次庆祝活动，是个遗憾。2009年它的一艘驱逐舰参加了中国海军 60 周年的海上阅兵。不能不说，与 10 年前相比，今天的美国变得"更加敏感"了，而且它的敏感程度远超它的亚太盟友。

其实今天对中美关系有影响的人大概都不会有机会看到中国海军综合力量全面超越美国海军的那一天。美国海军莫说技术优势，光是它的庞大存量，就是它坐着不动，都够中国海军追几十年。另外美国遍布全球的海外基地群更是中国无法复制的，中国海军与美国全面竞争，是今天不可思议的一件事。

美国对中国海军的警惕主要是针对后者限制美军在中国近海实施强制干预的能力，而这的确是华盛顿不该有的奢侈欲望。**近海是中国国家安全的核心地区，美国要在这一带压制不断崛起的中国，其困难程度无疑将与日俱增，因而美方应有的战略克制是缓和西太平洋紧张感的决定性因素。**

不仅中国海军战略的重点是近海防御，整个中国社会的对外心态也不具有西方文明中常见的攻击性。人类命运共同体绝非仅仅是中国的外交口号，它是中国人看待未来世界的真实理想。无论中国的军力发展到什么程度，我们希望它将产生促进世界和平的真实效果，为全球主和力量提供公共筹码。这当中，中美海军能有更多的互信与合作将是关键。

经过了 10 年，中国国力和军力均大增，但中国在安全领域一如既往地低调和克制。这十年间不仅中国没有卷入一场战争，而且从未发生过中国用武力威胁一个国家的情况。通过谈判解决安全领域的纠纷是中国坚定不移的政策，这一点也一直没有受到国际社会的质疑。

中国海军肯定会继续壮大，到成立 80 周年时，人民海军再搞大阅兵，装备水平大概还会有质的提升。我们衷心希望，那将是西太平洋地区和平更加巩固，平等互利合作不断扩大、深入的过程。

对比 2008 和 2018，中国发生了什么？

  2018 年 8 月 8 日是北京 2008 年奥运会举办 10 周年。回顾那一年中国的不平凡经历，足以令我们感慨万千，也对我们认识时局有启迪意义。

  2008 年被一些西方媒体称为"中国元年"，那一年留给人们印象最深的也是北京奥运会。然而真正的 2008 年中国人过得非常坎坷。年初华南地区经历了罕见的冰冻灾害，造成严重经济和社会冲击。3 月 14 日拉萨发生震动世界的打砸抢烧事件。5 月 12 日则发生了夺去约 7 万人生命的汶川大地震。发生了这么多天灾人祸，似乎还不够，同在那一年，中国 A 股从上一年 10 月份的 6124 点一直跌到 1664 点，成为中国股市开市以来最为严重的股灾。

  所谓"中国元年"就是这样开始的，奥运会是这一年的喜事，但也招来西方舆论的集体打压。奥运圣火传递在英法美等国的大城市遭到前所未有的抵制，圣火在巴黎传递的过程中甚至被熄灭了 5 次。

2008 年究竟是"中国元年"，还是中国崛起遭遇重大挫折的转折点，当时是看不透的。对那一年的真实定性是之后中国经历的十年确立的。

从 2008 年到 2018 年，中国进一步成长起来，招来的风雨也聚集了更大能量。越来越多的力量站出来，论证中国走错了路。中国发生的越来越多的事情被西方媒体集体揪住，用来证明它们就是中国从根本上就错了的缩影。中国实力增加了，"中国威胁论"风头更劲。中国经济遇到困难，"中国崩溃论"一副"言之凿凿"的猖獗。

十年之后，中国又被推向风口浪尖。2008 年中国是世界第三大经济体，2018 年中国不仅早已是第二大经济体，而且是世界上两个 GDP 10 万亿美元以上的国家之一，中国今天的经济总量达到美国的 60% 以上，大约是日本、德国、英国的 GDP 之和。

但是今天又有人预言中国将被美国的贸易战压垮，被中国国内的经济及社会问题绊倒。这种论调惊扰了一些中国人，甚至有人悲观地预言：如果搞不好，中国 30 岁以下年轻人的这辈子就洗洗睡吧。

中国作为发展中的大国，注定面临着解决不完的问题。如果不了解中国抗击困难的历史，不了解中国政治体制下这个超大型社会克服、消化问题的独特能力，是很容易被来势汹汹的各种问题吓倒的。

然而一个最简单的问题是：今天的中国是否比 2008 年举办奥运会时强大得多？再往远推，我们是否比 1998 年国企职工大批下岗时更要强大得多？谁能够否认一个基本的事实：恰恰是今天这个时间，中国的综合国力处在新中国成立以来的巅峰之上。

我们今天是世界第一大货物贸易国，而 10 年前不是。中国今天的高铁网四通八达，是全世界最密集的，而 10 年前连京沪高铁都还没有。今天中国市场的汽车销量世界第一，当年也不是。今天中国沉重打击了腐败，社会保障体系往前走了一大步，经过调整之后的经济结构更加健康，而 10 年前的热门话题是腐败严重、经济的粗放型发展不可持续。

我们无法预测中国的下一步经济社会发展呈什么样的轨迹，但非常确定的是，今天的中国有了更多把握这一轨迹的主动性，中国的国家命运在更大程度上掌握在了我们自己手里。

有人说，什么都好，但就是现在很多人的心气不如当年了。这话只有一部分属实。当股市从 6000 点跌到 1600 点的时候，你相信 2008 年的社会上没有沮丧吗？唯一的区别可能是，那一年中国的社交媒体还没有发展起来。

我们的国家经历过无数曲折，当时无比纠结，改革开放的历史从某种意义上说，就是各种不满和困惑不断交替、它们托举、推动着国家的航船向前走的历史。回头看，那些纠结的时刻恰是整个国家向前奔的一个又一个回合。今天我们或许就在一个新的曲折中，但通过对比过去，我们看到历史的惯性；通过一起奋斗，我们应该有能力为历史"动车组"贡献出我们今天的动力。

　　每一位中国人，无论你做什么工作，多普通，这就是我们共同的时代方位。客观认识它，如同我们给未来的旅行装上卫星定位系统。无论走多远，让我们不跑瞎路。

如何评价十月革命?

2017 年 11 月 7 日是十月革命 100 周年。这个特殊的纪念日让很多人情不自禁回眸百年前的那起重大事件和它在世界范围内产生的一系列影响,给出他们各自的评说。

十月革命深刻改变了世界,包括给中国送来了马克思列宁主义,世界上近三分之一的人口一度生活在社会主义制度内。对那场革命的认识与对后来苏联的认识紧紧交织在一起,因而世界舆论对它的评价尤其复杂,有大量现实政治的烙印。

尽管今天客观看十月革命仍不那么容易,然而一些大的事实性线索是不容回避的。

第一,十月革命发生在当年次发达的欧洲国家,却成为全人类历史的一道分水岭,引导了遍及世界的一系列变化,说明它一定捉准了人类社会当时的普遍困惑,契合了历史的运势。是时代的力量把它推上了引领世界潮流的大舞台。

第二,十月革命建立了以马克思主义为指导的第一个社会主义国家,这是一个全新事物。在资本主义演变为帝国主义的黑暗时代,苏联提供了一种开创性的政治选择,它经历了曲折,但取得难以思议的成就。苏共将落后的农业国俄国一举打造成现代化的世界强国,创造了截至当时的工业化速度世界纪录,苏联为打败法西斯的德意日轴心做出卓越贡献,推动了人类科技的发展。

第三,苏联被冷战消耗,国内治理也出了问题,苏共的信念出现了动摇。回过头看,苏联当时的困难并非根本性的,完全可以通过改革走出一时困境,但最后出现的实际是内部的放弃。一个大国只知道自己从哪里来,却因一些困难茫然于该向哪里去,政治上患得患失和党的领导弱化导致了社会主义苏联断崖式的崩溃。

第四,苏联的那一轮社会主义探索虽然最终以失败告终,但它的政治遗产已经渗透进包括西方在内的整个世界。在与苏联的对抗中,西方被迫吸收了社会主义尊重劳动者的一些理念,调整了劳工的待遇,危机感使得西方的资本家们变得收敛了。

第五,社会主义思想本来就不是诞生在俄国的,它是全人类的共同思想财富,苏联解体并不意味着社会主义理想消失。在苏联画上句号二十多年后,中国特色社会主义进入新时代，这是十月革命精神生生不息的重大新里程碑。

十月革命以来的一百年里，世界历经风雨，饱经沧桑，时至今日，人类文明应当说总体上成熟了许多。20世纪的大部分时间里，对抗无处不在，国际竞争十分残酷，避免极端对抗的必要性逐渐得到认识。有了20世纪两场世界大战和一场东西方冷战的教训，今天的大国关系里较之过去的美苏关系明显多了一些理性要素。

对十月革命精神的继承和对它的反对在不同世界里延续着，两种情况保持了意识形态的尖锐对立性，但它们在国际政治层面的冲突得到一定缓和。人类命运共同体的一些轮廓性线条在悄然画出，我们能清楚感知自己生活在与上个世纪不同的世界里，尽管当下的隔阂仍有许多，有些还相当严重。

有中国特色的社会主义堪称是"2.0版"的社会主义，马列主义传入中国后先是中国化了，然后又现代化了，与中国的现实和不断变化的世界越来越贴切。

在如何评价十月革命的问题上，西方舆论机构产生了很大影响，并造成了失衡。然而历史会比西方舆论站得更高，也将更公正、权威。迄今对十月革命的负评里主观性价值判断比较多，对它的好评里则客观性事实判断更多些。历史经验告诉我们，主观的东西会不断磨损，甚至像雾霾一样被一阵风吹走，最后留下的往往都是事实的干货。

北约轰炸中国驻南联盟大使馆 20 周年

2019 年 5 月 8 日是以美国为首的北约轰炸中国驻南联盟大使馆 20 周年。20 年前的今天，我是中国国内第一个得到这个消息的人。

那天大清早，我家的电话突然响起，我一接电话，对方在话筒里喊："我是小吕，北约把咱们的大使馆炸了!"我迷迷瞪瞪的，说："你是谁呀?"对方说："老胡，我是小吕啊，吕岩松啊，北约把咱们的大使馆给炸了，使馆正在着火。"我一下子激灵了，反应过来，这是我的好朋友、当时人民日报驻贝尔格莱德记者吕岩松打来的。我要求他把消息再说一遍，他说使馆被轰炸了，正在着火、救人。我对他说："兄弟，这事可得百分之百准确啊，我这就把消息给你传出去，万一有一点闪失，咱俩都完了。"他说："这怎么能是假的，我就在现场啊。"我听到他突然哭起来，他说是发现新华社记者邵云环遇难的遗体了。

165

吕岩松、邵云环（新华社记者），还有许杏虎（光明日报记者），三个家庭当时因为战争都搬到了使馆去住，以为那里安全，但后两名记者都遇难了，吕岩松成为跑出来的唯一幸存记者。他在跑出来的同时，没有忘记带上他的武器：手机、照相机和笔记本电脑。他跑出来第一个电话打给了我（我是吕岩松的前任驻南斯拉夫记者），我也因此成为中国第一个知道这件事情的人。

上面的对话是我隐约记得的，可能不是很准确。

放下吕岩松的电话，我立即拨通当时外交部南斯拉夫处处长李满长的电话，他在我任驻南斯拉夫记者期间是使馆二秘，我的好朋友。大清早，他的反应和我一样：老胡，这个消息可得绝对准确啊，否则我给你传递上去，有一点差错，我就完了。我的回答是：兄弟，我相信吕岩松，你相信我，立即传给你们部里。

接下来，李满长打他的电话，我打我的电话。事后，李满长告诉我，几分钟之内整个国家的机器运转了起来，当时连 CNN、BBC 这样的西方大媒体都还没有报道。

那时候互联网还没有普及，我写的第一篇文章是《传回惊天噩耗第一人》，讲述了吕岩松传回消息的大致过程。这篇文章被广泛转载。之后吕岩松把他在战争期间拍摄的照片底片托人带给了我，我通过人民日报和环球时报的机制发起举办了"吕岩松战地新闻摄影展"，这个展览走向大江南北，肯定创下了图片展的记录。

邵云环夫妇是我的好朋友，就在出事前的几天，几个记者家庭聚会，吕岩松和我通电话时，她也与我说了话。我记得当时对她说，兵荒马乱的，要小心。她在电话里开朗地笑了，表示对安全有充分信心。

许杏虎我不熟，他是在我离开了南斯拉夫之后去那里驻站的，但我在南斯拉夫当记者时，他是留学生，有一次去教育处，他也在，他消瘦、戴眼镜的样子在我的脑海中留下了一个影像。

吕岩松毕业于北京大学，是位优秀的新闻工作者。他过硬的职业素质使得他能够在北约导弹轰炸的强烈冲击中保持清醒头脑，一边向外跑，一边把记者所需的所有工具全抓在手里。这使得他能够在跑出来的第一时刻把电话拨给了我。1999 年，吕岩松入选"中国十大杰出青年"。

今天匆匆把这些写出来，以此怀念牺牲的烈士，回忆那个激烈的片段。李满长后来也有英勇表现，在使馆集体撤回国内后，他逆着战火前往南斯拉夫，做了临时代办。他已在不久前从大使的位置上光荣退休。祝愿所有的与那段岁月有关的朋友们安好。

2019 年 1 月 6 日 16:39@ 胡锡进微博："我的老友李满长从中国驻塞尔维亚共和国大使的位置上卸任，几天前回到北京。老胡昨晚为他接风，也为他作为外交官的职业生涯走到尽头共饮一杯告别酒。李满长是中国外交官队伍中的典型一员，忠诚、勤奋，而且朴实。他生长于陕西农村的贫穷家庭，后来读书上大学改变了命运，从最低级别的外交官做起，直到成为大使。他非常精通塞尔维亚语，全部外交生涯都在前南斯拉夫地区度过，我在 1993 年至 1996 年常驻前南斯拉夫报道波黑战争期间与当时使馆二秘的他成为挚友。使馆官员是驻外人员中地位最高的，很有"牛"的资本。但是李满长对我这个朋友极尽了人们通常称之为"仗义"的情谊，包括在我离任后一次又一次去探望我在贝尔格莱德的房东老太太，在离任回国之前他又偕夫人最后一次去探望了她。李满长外交生涯中最大的一次挑战是 1999 年美国轰炸中国驻南斯拉夫使馆之后，当时战争在继续，全体馆员集体撤回，李满长却临危受命，作为中国使馆的临时代办，迎着战火前往贝尔格莱德，上演了那场战争中最壮丽的逆行。在那之后的十几年，他一直是总领事、大使，在他的任上，中国与塞尔维亚共和国的关系达到了顶峰。时间过得真快，认识时我们都是小伙子，一转眼李满长回国，就要办退休手续了。多少难以忘怀的记忆！他的外交官生涯结束了，我们这一代人在逐渐谢幕，但中国和中国外交都再也不是我们年轻时捉襟见肘的样子。李满长大多数时间在国外工作，生活非常节俭，花钱风格仍"很农民"。但是七八年前他展望自己退休生活时，考虑在郊区便宜的地方买一套房。他两眼一抹黑，被我一指买到了北京通州，不到 1 万一平的一套二手房。而那里今天成为北京新行政中心的核心区。一辈子为国家在外奋斗，这套房子的巨大升值算是命运对他的奖励吧。祝愿他的退休生活幸福、丰富。李满长，我永远的好兄弟。"

第三章

厚积薄发

为什么说改革开放是中国唯一的路？
"做好自己的事情"的核心要义是什么？
如何理解中美贸易摩擦？
从世界看"一带一路"，看到的是什么？
科技现代化是买不来的

　　2017 年 5 月 9 日 15:33@ 胡锡进微博："中德美三国媒体论坛在柏林举行，我、博世基金会主席杜里希女士、美国霍普金斯大学的汉密尔顿教授站在了一张特殊的地图前。接下来，主持人要求大家做一个游戏，每个人把一面小旗插在一个最惦念、心之所属的地方。我第一个做，我把小旗插在了中国南疆的瓦罕走廊。我进入过那里两次，我对大家说，我渴望那里的和平、安宁与开放、繁荣。"

为什么说改革开放是中国唯一的路？

改革开放 40 年

一段时间以来，中国不断强调深化改革开放这一基本国策，习近平总书记在 2018 年 12 月 18 日改革开放 40 周年时发表重要讲话，将中国的这一政策宣示推向高潮。

改革开放不是口号，它是过去 40 年中国实际走过的道路，必须改革开放也已经成为中国社会坚定的信仰。国家接下来将继续深化改革开放，这是绝大多数中国人对未来的预期，一时的困难或者来自外部世界的不确定性，都无法改变人们的这一预期。

根本原因在于，人们普遍相信，深化改革开放是中国当下和今后唯一要走、也唯一能走的道路。

中国的体制不是一种现状维持机制，它有促成中国社会前进的天然使命。中国共产党总是制定很明确的阶段性任务，向公众承诺国家远高于同时代世界平均速度的发展蓝图。经济停滞、民生萧条，在大多数国家里"体制"和"道路"是不用承担责任的，但在中国不是这样。能够为经济社会发展提供强劲的动力，是中共向人民立下的"军令状"。

十一届三中全会至今的 40 余年，从邓小平到习近平，几代中共领导人带领国家励精图治、锐意创新，实现了惊世的进步和飞跃，未来几十年，中国的发展仍将是世界大国中最好的之一，这一结果是必须实现的，没有一旦、假如等用来解释万一达不到这个目标的托词。

那么中国要继续跑快跑稳，除了深度挖掘内部发展的潜力，调动全社会的各种积极性，以及把整个世界变成中国进一步发展的舞台，别无他择。

中国的国有经济对稳定发展大局至关重要，但仅靠国企，创新、挖潜的动力远远不够。进一步发展市场经济，鼓励民营企业壮大，不断形成在公平竞争环境下千帆竞发的新局面，这是中国社会已经形成的认识。不久前举行的民营企业家座谈会将这一认识在国家最高层面进行了重申和强化。

对外开放的外部环境今年以来可以说是多年来最复杂的时期之一了。中国对外开放的决心如果不坚定，诚意不足，那么是很容易一怒之下将国家力量朝着对抗方向进行动员的。但是中国没有这样做，国家在坚持原则的同时，也展现了耐心和弹性，化解外部不利因素，而非纠结于是否开展"决战"，成为国家的战略选择。

因为中国经济与世界经济已经深度融合，当下遇到的对外交流障碍只有通过进一步的对外开放积累我方主动性加以克服、化解，我们回头朝着身后找路，是找不到的。

中国公众需要了解的是，今天的世界格局和中国社会的内部面貌都与改革开放早期相比有了深刻变化。中国当年在世界上的实力位置顶多相当于今天的印度，我们可以比较"单纯"地释放自己的需求，得到与我们在意识形态上格格不入西方世界的支持和赞许。而今天中国被美国当成了头号"战略对手"，我们的行为方式注定要高度复杂化，统筹应对国家从安全到发展的各种风险和挑战。

我们看到，国家在不同时间、不同方向上经常有针对性极强的政策出台，它们不是都能够被当作基本国策的简单化信号加以解读的。看到政府对某个西方国家的贸易及其他挑衅性行为开展反制，或者为了维护国家宪法秩序而对某些破坏性力量进行依法限制和打击，就一惊一乍地宣称改开"在倒退"，这是非常短视、幼稚的。

今后的改革开放很可能会有一些新的戏剧性，中国前所未有的庞大体量和我们在世界格局中的新位置会决定未来的改革开放进程呈现出我们过去不熟悉的面貌。什么叫改革开放，这样的争论也会长期伴随我们，一些人和力量会希望由自己来引导中国社会对改开的认识，夺取意识形态的优势。

我们想说的是，中共当年发起了改革开放，领导全国人民经 40 载努力取得了辉煌成就。事实证明，中共的远见和政治定力是改革开放不断成功的决定性因素。改革开放继往开来之际，坚定地团结在以习近平同志为核心的党中央周围，毫无疑问是中国社会强有力应对各种变局的根本政治保障。

扩大开放是既定大战略而非一时之策

2018 年 4 月 10 日，国家主席习近平在博鳌亚洲论坛上发表题为《开放共创繁荣 创新引领未来》的主旨演讲，他的这一讲话极具信息量，从改革开放的角度描绘了中国走向未来的路线图。中国开放的大门只会越开越大，世界通过习主席讲话看到了对这一庄严承诺一系列具体可信的支撑。

习主席宣布了"宜早不宜迟，宜快不宜慢"的扩大开放诸多举措，包括大幅度放宽市场准入、加强知识产权保护、相当幅度降低汽车进口关税、增加人民群众需求比较集中的特色优势产品进口、在上海举办中国国际进口博览会，等等。

最近两年美国政府带头举起保护主义旗帜，使经济全球化大潮中出现一股"本国优先"的逆流。中国对这一复杂形势的回答则是进一步扩大开放。这一姿态代表了今天中国的战略高度和前所未有的自信，中国在为维护全球经济合作体系作出自己的贡献。

前40年卓有成效的改革开放创造了今天中国的格局，开放成为了中国人的一种信仰，深深嵌入了我们今天的世界观。与此同时，中国人自己是这个国家改革开放进程的主宰者，今天的改革开放不是被西洋舰队轰开的，不是被外部强权压开的，它是中国为实现民族伟大复兴的主动战略之举。

国内外立刻有人将中国的开放新举措与中美贸易战的具体博弈进行"对表"，他们指头缝中间的那点视野反映了心胸的局促。那些人离追上中国改革开放的潮头，离了解中国前进的整体脉络差得不是一星半点。

十九大后，中国领导人在多个场合强调扩大对外开放的重要性，一些重大举措从去年底就开始不断出台。**中国扩大对外开放是建造大道通衢的既定战略，而那些人关心的是自己路口的绿灯此时此刻能否多一两秒。中国人看到**

的是千里沃野，那些人眼睛里有的只是几粒黄豆。

我们尤其关心的是，博鳌论坛吹响的对外开放新号角不仅面向中外贸易，而且它是中国未来国家发展道路的新的进行曲。未来的中国注定是经济上高度开放的中国，而这样的中国不可能在其他领域是封闭保守的，中国的全面现代化在实现逻辑上得到了重大保障。

一段时间以来互联网上有一些担心中国"倒退"的声音，然而中国的大举措却是把自己推向与世界的全面交流合作和竞争。中国根本没有"倒退"的余地，连原地踏步也不行。对外开放把世界变成中国躲不开的"尺子"，我们或者达标，或者超越，我们无法在自己做得不好的情况下欺骗自己说我们做得是好的。

中国人民的生活水准伪造不了，中国社会的和谐程度也伪造不了，中国的综合国力和国际地位同样一目了然。对外开放客观上形成了中国必须通过改革不断进取，在所有领域都追求最佳方案和最优效果的倒逼机制。

十八大以来，中国国家战略的完整性愈发凸显了出来。以全面从严治党为龙头，中国实现了政治上的再加固，与此同时经济上全面深化改革，直到把对外开放推上新的台阶。这个国家在扬起风帆，而此次远航的确定性得到了空前保障，它不是去探险，更不是去流浪。

人类命运共同体是中国引领世界一起远眺的目标，

"一带一路"是通向那个目标的道路之一。人类从没有见过一个以和平合作姿态崛起的世界大国，一些人一直怀疑中国的和平崛起是"装腔作势"，但随着博鳌论坛类似场合展示了中国最新举措之后，相信世界对中国的理解将会更进一步。

中国的大门正朝着世界进一步推开。

开放会威胁国家安全吗？

中美贸易谈判还在进行中，能达成什么样的协议尚不确定，不过中国新一轮的开放进程已在去年开始发力。中国不仅制定了涉及深化各个领域的开放政策，而且很多已经落地，比如去年汽车等进口商品的关税大幅降低了，特斯拉100%独资的上海工厂也于去年底破土动工。

不管中美谈成什么样，中国进一步扩大开放的决心已定，2018年的首届进口商品博览会可以看成这一决心的宣示。用开放来促改革、促发展，中国近几十年的这一行进模式将再次满格运转。

仅特斯拉独资进入中国加上零部件进口关税下调，就足以一石激起千层浪。中国电动车能挺得住吗？问题是它们必须挺住。2000年加入世贸组织后，中国的企业整体上挺住了，成功将压力转化成为动力和鞭策。今天中国的电动车生产企业为何就要挺不住？

即使被诟病很多的中国电影业，也没有被好莱坞电影的大量涌入击垮，整体制作水平得到了大幅提高。再看看老百姓直接接触最多的餐饮业和零售业，"洋快餐"以及"洋超市"带来了多少正面的经营理念，中国的很多传统元素经过学习和竞争最终得以强势回归。

对外开放意味着我们主动承受外部元素的冲击，鉴于中国社会内部有些人对改革存在惰性，这样的冲击往往是不可或缺的。过去几十年，中国的不少调整是为回应外部压力发生的，而那些调整的结果使得全社会从中受益。

开放会威胁中国的国家安全吗？这个问题在改革开放的第一天就存在。但事实证明，围绕国家安全的博弈，中国始终有能力掌握主导权。中国不仅是主权独立国家，而且经过前几十年的发展，我们的实力今非昔比，公众对国家政治稳定重要性的认识也更加成熟、坚定。中国社会对外来元素的本土化能力和抗体效应显然都在增加。

中国自近代以来一度长期落后，这个民族很多优秀的东西实际陷入了休眠状态，对外开放可以看成那些品质和能力不断被唤醒、激活的过程。中国人充满智慧，越是与强手竞争，那些智慧越会焕发出来。中国社会还很有承受力，但不经风浪，我们会误以为自己弱不禁风。与外界多打几场"遭遇战"，我们的整盘棋会越来越活。

中国的金融敢逐渐开放吗？这样的风险想一想就会让人不寒而栗。然而中国不能永远躲着风险。国家已经决定增加外资和外国银行在中国金融业中的角色，谨慎、有序地朝着金融开放的方向走，这是中国站在今天的位置上再也不能回避的选择。

开放度高了，意识形态的压力可能会加大，怎么办？我们认为实事求是地应对就好了。中国不会从我方激化中西文化和文明的冲突，同时中国必须捍卫自己的意识形态安全。中国是不断发展的国家，意识形态格局也非一成不变，只要中国的发展做得好，比世界上的多数国家进步快，我们就有驾驭意识形态风险的主动性。

对外开放是中国各行各业进步的最重要推力之一，有开放就有进步，开放多进步就容易多，而保持强劲发展是中国实现各种利益的最大来源。改革都不同程度上有被迫性，在缺少外部压力的情况下，我们对改革的讨论可以无限从容。但是国门一打开，外来竞争一来，改革就成了必须立即推动的事情。过去几十年中国在一定程度上就是按照这个路径螺旋上升的，进步的积累也促成了中国安全的不断夯实。

党中央下决心扩大对外开放是面对各种问题和挑战的战略性决定，它反映中国拥有了更强的自信，证明中国要继续改革继续跨越式发展都是动真格的。无论机构还是个人，只有跟上中国的开放步伐，才会赢得未来的主动。我们大家都应围绕国家的进一步开放整理思路，谋划明天。

"做好自己的事情"的核心要义是什么？

多释放一分发展潜力，就多一颗子弹

中美战略博弈已经开始影响全局，而加快释放中国的经济潜力是长期抑制美国对华嚣张气焰的关键，这是当下和未来很长时间里我们面对美国压力"做好自己事情"的核心要义。

必须看到，过去一年多，美国给中国国家安全和发展造成的挑战远大于我们这几年经历的其他挑战，我们着力防范的许多问题与来自美国的麻烦相比都显然更容易管控。中国社会应当强化这个总结，在复杂的工作线索中保持识别首要风险的判断力。

中国多释放一分发展潜力，就如同多一颗子弹。多实现一分发展，对中国国内治理的正面作用本来就大于负面作用。加上它对与美竞争形成的额外支持，它带来的社会治理和国家安全效应就更加积极了。

确立了这样的视角，我们就会有很多新发现。比如，高质量发展比我们过去理解的很可能有着更丰富的含义，它应该能够同时支持中国国际战略博弈的平稳，确保中国迈过受美全方位挑衅的这段时期。

再比如，在这样的视角下，过去一些地方把发展人为分出"高端"和"低端"，从唯 GDP 论到舆论场将 GDP 蔑视为"鸡的屁"，都有失偏颇。发展没有高低端之分，只有对应市场需求和脱离实际之分。不唯 GDP 论，但这不等于 GDP 不重要，它是全球认同的最权威的发展指标之一。现在中美每一次发布 GDP 数据，都被世界舆论当做管窥双方竞争态势的依据，并对两国士气产生影响。

中国加速发展到今天，一些人认为中国经济增长的排浪已经过去了，并且相信经济放缓已成大势所趋。**如果中国人接受这种认识，以经济不断放缓作为未来制定各项政策的基础，那么我们就有可能陷入一个战略被动期，在较长时间里缺少打破美国全面打压的运筹力。**

所以我们必须保持在综合指标上全球最强劲的发展动力，决不能让世界认为中国发展已经乏力，这会导致一系列国际政治后果。我们需要采取一切行动长期保持具有巨大吸引力的发展态势。

然而在中国已经达到的水平上继续较高增长并非易事。这是一个庞大的课题，本文只能触及它很小的一个侧面，阐述我们对中国持续较高速发展在可预见未来内拥有广阔空间的认识。

　　比如用科技创新来带动新的增长，中国人已经牢牢树立起这一意识。这非常重要。与此同时我们要提醒，这一思维不能极化，实事求是永远是重要的。

　　每个城市都形成辐射全国的研发中心，都建有大范围影响的 CBD，肯定不现实。我们要看到，所有社会大部分经济活动都是围绕普通民生进行的，中国各地都要从活跃基层经济、给民生创造更多资源上挖掘潜力。

　　一些城镇如今有注重表面光鲜的倾向，并且为此不惜牺牲基层经济的实际活跃度。广场上不形成消费的广场舞颇受鼓励，但有点"乱"的摊贩经济则受到种种约束。我们认为，现阶段的中国城镇不应该怕有一点"乱"，因为很多城镇目前在绝对"规矩"的形式下促进各种基层经济元素的活跃和繁荣挺难的，那样的治理成本对小微经济买卖双方都承受不了。

　　在全国这盘大棋上，也要鼓励基层县市打破条条框框，勇敢探索不再过多依赖基建的发展新模式。中国各地"城"建得越来越漂亮，但"市"的发育很多地方尚且不足，而对加快这种发育应是今后城镇建设最重要的课题之一。

我们相信，只要各地真正把经济工作放在最突出的位置上，形成对这样做在当下和今后有重大政治意义的高度认识，就没有实现不了的新突破。

中国迄今仍是世界第一人口大国，我们的人均收入远高于人口第二多的印度，经济潜力则远大于第一大经济体美国，我们的经济前景毫无疑问应当是全球最好的。这是中国的核心竞争力，千方百计地巩固它，美国在采取任何遏制中国的行动时都会感到力不从心。

从政府工作报告看中国经济

中国 2019 年 GDP 预期增长 6% 到 6.5%，国家将出台系列减税降费计划，中国将平等对待各类所有制企业，李克强总理的政府工作报告提供了人们观察中国经济 2019 年走势的一系列关键目标和举措。报告毫不回避问题，提出的政策和举措可信度及可操作性都很高，这为转型中的中国经济在 2019 年实现稳定增长提供了强有力的保障。

中国经济仍在减速，这是中国经济社会发展全景中一个现实的侧面。增速下降的最大原因是中国经济结构正在经历深刻调整，从注重规模扩张、增长速度转向了对发展质量的追求。一些旧的落后产能处在被新的增长动力取代过程中。

中国这些年积累下来的经济质量提升非常明显，它支持了国家基础设施的新面貌和社会新风貌，经济增速放缓了，但中国民生改善并没有放缓，从医疗、教育到食品安全，再到环保、旅游等诸多方面取得改善人民生活的大幅进展。老百姓的获得感成为检验经济发展成果的新尺子。

中国经济增速放缓也和中国经济体量越来越大有直接关系。中国已是超大经济体，即使 2019 年的增长率取下限的 6%，它也将创造今年全球最大规模的实际经济增量。中国的经济潜力更是其他大经济体不可同日而语的，中国人对美好生活的追求也是最强烈的。没有什么外部不确定性是我们无法应对的变数。

2018 年以来，外部经济环境的震荡影响到了中国经济，美国对华贸易战是否会在今年结束或大为缓解仍是悬念。不过经过去年一年的调整缓冲，中国对贸易战的适应力迅速构建起来。

在中美贸易摩擦中，易变、患得患失是美国贸易态度留给外界的印象之一，但这并没有能够改变中国一贯的立场和原则。我们一直在追求以公平对等原则解决中美经贸纠纷，实现双赢结果，同时也一直保持着面对最坏情况的准备。理性和冷静决定了中国积极解决问题，坦然应对风险的现实战略。

对中国经济发展态势我做了几点简单的梳理：

第一，中国是个务实的国家，或许是吃过"大跃进"和"文革"的亏，如今的经济和社会发展政策注重实事求是，不激进，不唱高调，致力于平衡短期需求和中长期利益。中国把改革开放作为经济升级的主要推动力，同时强调发展与稳定。中国做到了在发展中国家里对各种问题和挑战最有效的统筹解决。

第二，十八大以来大规模的经济结构调整已经取得初步成效，并且向社会建设的诸多领域实现了延伸。中国人的观念和注意力在跟着悄然变化，社会上的浮躁心态减少了，动能与规范通过相互塑造磨合，形成对可持续发展更为有利的均衡。换句话说，中国的可持续发展态势更加稳固，抗风险能力增加了。

第三，中国经济的转型总体上波澜不惊，而社会动荡、经济休克往往是这种转型的潜在风险。中国的这一过程得以避免诸多社会痛苦，根本原因是有党的领导。**中国的体制将内部的利益博弈控制到了最低限度，让以人为本的政策目标得以具体化，使得很难协调的各种发展诉求变得有序，也让对战略风险的应对更加从容。**

从这个时间点展望 2019 年全年，我们完全可以说，尽管困难很多，有些问题还很严峻，但当前经济社会运行的各种风险都处在国家综合控制力的范围内。最大的不确定性似乎还是来自中美贸易战，然而它在中国发展的大盘子中也只占有一块远比外界想象的小得多的比例。

正确认识 GDP 增长 6.5%

中国经济的结构调整已经全面拉开，高能耗、高污染企业该关停的很多都关停了，效益不好的企业国家也不再帮它们强撑了，另外反腐败持续挤压不正当消费，整个国家该转型的地方几乎都把问题抖搂出来了，GDP 仍能保持 6.5% 左右的增速，这的确难能可贵。

很多国家出了宏观问题，往往只能休克式治疗，导致剧烈的社会动荡。就看欧美在移民问题上，转那么急的弯，可以知道它们的经济策略多么容易搞成"硬着陆"。中国经济在下行的底部尚能有 6.5% 左右增长的可信计划，这样的稳健最见功夫。

更廉洁的政府、更合理的产业布局、更低碳和更讲效益的经济运行方式、更多元的经济增长动力、更加公平的政策环境，以及这个国家在追赶上新技术革命，这一切的积累等于是前一段的改革发展在摸了摸高之后，我们又蹲下身子，存蓄了再次起跳的势能。如果说前几年我们对结构调整还存有疑惑的话，那么现在这一大战略、大趋势呈现出更清晰的轮廓。

现在我们仍能看到中国经济的很多问题，但大的框架稳定了，所有问题都不可怕，它们很可能大多会转化为下一步发展的机遇。改革开放初期，中国什么都缺，出国回来的人纷纷抱着彩电冰箱。中国不久成了全球家电最大生产国。如今人们旅游又采购各种精品货了，学生大规模出国留学则相当于教育进口，这些领域肯定会崛起中国经济新的亮点。

世界各地的发展经验显示，冒出一个短时间的发展高潮并不难，发展过程中有一段时间增长慢一点也不是大问题，最难的是在发展一段时间以后处理不好积累起来的问题，导致动荡甚至国家发展进程的完全断裂。

中国这几年有两大成就，一是经济转型不是停下来作调整，而是继续边跑边调整。二是对于经济新常态，全社会实现了相当充分的适应性。前些年经济高增长积累了一些风险，它们被成功地排挤掉了，中国发展基本实现了可持续这一最为关键的原则。

客观说，单从数字上看，前几年中国经济从年增长率10%左右一路下滑，每年都往下掉，还是挺触目惊心的。然而时至今日回头看时，我们开始真正懂得"软着陆"的涵义。前些年有人预言，中国经济没准会降到年增长率

2%、3%，让很多人颇感担心，然而现在，应当不会有什么人再相信这种所谓的"盛世危言"了。

当今的中国比前几年更加"有底"了，整个社会的心态变得非常踏实。能够让全球最大规模和很有深度的经济转型开展得如此平稳、有效果，这或许是中国在创造了一次改革开放的伟大成就之后，给人类历史留下的又一鸿篇巨作。

中国逐渐走回到人类社会发展的前沿位置，我们今后做的事情很难再是简单的模仿学习了，我们每成功一步，都将具有世界意义。继续前进是中国的必然选择，稳健则恐怕是我们的唯一方法论。中国人总是痛苦着、纠结着，但蓦然回首，我们又往前走了一大步。这个状态其实是最棒的。

中国经济工作会议开的是什么？

中央经济工作会议是中国每年政治经济工作的重头戏，是中国自改革开放以来长期以经济建设为中心的重要标志。这个世界的执政党中大概只有中共每年都专门召开经济工作会议，统一全党全国的思想，给国家的经济工作注入强劲动力和科学指导。

当今世界的竞争，经济是重点。中国在政治上受到西方的排斥，军事实力仍未进入一流，但是中国的国家竞争力不断提升，经济的蓬勃发展起了决定性作用。经济的强劲上升势头提供了中国各项事业进步的动力，增强了中国在国际关系中的吸引力和发言权，同时也支持了外部世界对中国未来的正面预期。

习近平新时代中国特色社会主义经济思想为这个国家下一步的经济发展提供了重要保障，它将使中国经济发展战略更加明确、稳定，确保一张蓝图绘到底，而且绘制方法不会改来改去。

中国经济几乎是在西方舆论一片批评声中发展壮大起来的，中西社会的政治体制不同，经济动力机制存在差异，评价体系也很难完全对应。不过，发展情况的优劣还是很容易一眼看出来的。

今后世界经济发展的参照系还会主要由中国和西方来塑造，中国能否赢得经济发展竞争，以下一些情况将被视作最为重要。

第一，中国经济长期高速增长，现在体量巨大，继续维持过去那样的高速增长已不现实。那么中国增速的底线应当在哪里呢？至少在未来相当长时间里，中国经济的增速应当高于西方的增速，而且实际经济增量要一直高于美国经济的实际增量。这个要求不低，以今天中美两国经济规模来说，美国如果增长 3%，中国就需增长 5%，实际经济增量才是一样的。

第二，中国要有能力在新兴高科技领域和重点国防领域加快发展，缩小与发达国家的差距。中国综合实力的成长要快于 GDP 的成长，这将保证中国越来越有力量应对重大挑战，中国的国家能力不仅与自己相比往前走，而且横着比走得更快。

第三，中国经济发展要更加贴近民生，确保人民生活水平的改善速度高居世界各国的前列。中国这些年高度重视公平与效率在经济发展中的平衡，不忘社会主义制度的初心，这方面做得比绝大多数国家都好，这点需要不断保持和进一步优化。

第四，中国要有能力不被突然出现的意外危机冲倒，我们对风险防范能力的建设必须是大国中最强的。中国这几年不断强调防范系统性金融风险，近年的经济工作会议还把防范化解重大风险放在三年三大攻坚战的首位，反映了决策层的清醒和冷静。

上述这些大概都属于中国经济高质量发展的内涵。必须指出，中国是共产党领导的国家，全党和全国坚定地团结在以习近平同志为核心的党中央周围，政治和经济杠杆能够得到更加坚定、准确地运用，使得我们更有能力调控经济工作，不断修正具体目标，实现经济发展的最佳效果。

　　有党的坚强领导，中国经济的每一个问题都会得到认真对待，同时也不会有一个问题是这个国家无法克服、必然导致颠覆性后果的。中国全社会如此努力，党和政府如此勤奋、负责，国家的发展潜力如此广阔，我们没有理由不成为这个世界上长期发展最好的国家之一。我们需要自信、自勉、自强。

如何理解中美贸易摩擦？

超出贸易战意义的"贸易战"

我是一个很普通的中国人，虽然做了一家市场化报纸的总编，但我不是什么"官"，就是一个干活的，每天要出一堆文字和视频音频产品，同事们都知道，老胡是个典型的体力劳动者，经常累得半夜做最后一个音频时都没有力气念稿子了。

老胡的亲人都在中国，在国外没有一分钱存款，我的利益和大家一样，都在中国这块热土上。特别盼着国家好，别乱了，经济能不断发展，而且能有一些宽松自由。

我本人根子上挺崇美的，年轻时的那一轮思想启蒙塑造了我对西方文化的崇尚，欧洲启蒙思想家的伟大作品，美国思想家的激扬文字，还有入理分析，深深影响了我。

　　年轻时代的我曾经以为，我这辈子赶不上中国人的好日子了。我还记得读研时看的一篇文章，上面说：中国与发达国家的差距在越拉越大，我当时真是灰心极了。

　　我们中学的第一名学霸上世纪 80 年代就去美国了。旁边学校的第一名去了日本。我羡慕死他们了，但我没本事，只好在这个国家里凑合着过。我 1985 年结婚，家里唯一的电器是一个电灯泡。

　　后来也不知怎么搞的，国家一点一点变化了，1993 年我出国，出去时北京只有二环路，回来时北京有了三环路。1999 年我开上了车，很快北京有了四环路。我当时盼着：北京什么时候有五环路就好了。还真就盼来了。然后是六环路………

　　共产党把一盘散沙似的中国人以在当今世界非主流的方式组织起来，居然创造出一个巨大的经济奇迹。直到 30 岁我在人民日报做了编辑，我当时对人生的期盼就是能去国外做几任记者，回国时能有指标带一些大件回来。谁能想到今天的普通中国人能有房有车，还能旅游，出国，自己花钱住宾馆，过电影里老外才能过的日子？

　　我们的日子好了，却惹来了大麻烦：世界老大美国不干了。是啊，中国发展这么猛，中国改开时，我们和印度的发展水平差不多，结果 40 年后，中国 GDP 是印度的 5 倍。中国人口这么多，聪明，还肯吃苦。这要是再发展二三十年，还不得真的全球第一了？我要是美国人，也不会干。怎么也得想办法，至少试着阻止它继续崛起。

于是发生了今天远远超出贸易战意义的贸易战。没想到的是，特朗普那帮人真狠啊，一副非得把中国扳倒打垮的样子。

大家说怎么办？坦率说，这一切是中国人过好日子惹的祸。我们大家都买了彩电冰箱，于是中国 GDP 达到了意大利的水平。我们都要有房有车，于是中国 GDP 成为世界第二。接下来我们大家要好的医疗，好的教育，好的养老，好的休假，生态食品和社会安全，还要蓝天重新回来，这些逐步实现的过程，中国就要变成世界第一大经济体。**美国的核心要求就是：你们把这些停下来，这不是你们中国人应该过的日子。你们的正事应该是学习西方的民主，折腾一百年，多游行示威，多向美国请教学习。谁让你们这样猛地发展了？**

说实话，我一开始觉得，美国佬打一打中国，对倒逼中国进一步改革开放有好处。但到后来，尤其是美国欲置华为于死地之后，我越来越深信：美国人这一次真的来者不善。

我们面临选择：1.全听美国的，中断迄今为止的发展模式和民族复兴，停止经济、科技诸领域与美国逐渐形成竞争的态势，国家发展总体上停滞下来，尤其是高科技和国防能力不再进步，让华盛顿战略上安心，做美国的附庸，2.坚决抵制美国的压力，捍卫中国以自我选择的方式继续发展的权利。我们争取与美斗而不破，不走向全面战略对抗，但我们也要有中美关系比当前情况更糟的精神准备。

我同意一种判断：这样的选择对中国来得早了点，如果能再延后 10 年 20 年，我们会更主动。但这样的争辩今天已无意义，现实是，我们必须做这个艰难的选择。

老胡个人的主张是，大家团结起来，坚决支持政府不主动打但不惧打的基本态度，众志成城，打出一个与美国平等竞争的权利。我认为，这样做虽然眼前困难些，但今天的付出会为我们的长远人生赢得更大空间。

我们大家必须看到，今天的政府虽然有缺点，但它是真心为中华民族利益，为中国老百姓有权利继续改善生活而奋起反制美国打压的。在今天这样的历史关头，没有第二支能够捍卫我们大家利益的力量。

有很多蛊惑做决定性让步者，他们自私，想通过国家的剧变寻找他们自己的政治机会。他们太容易被美国的势力操纵，他们即使不是恶毒的，也是幼稚的。

中国政府没有任何理由在对美谈判和斗争中做对这个国家和人民不利的事情。如果党垮了，政府垮了，中国将四分五裂，美国到时候就可以各个击破，把中国各地政权都变成亲美政权。华盛顿最想要的就是这个。

希望政府充分发挥群众路线，把这一切跟老百姓讲清楚。中国的团结和坚持能力将决定这个国家和我们大家的未来。

经济战线的"上甘岭"将是别开生面的

中美贸易战愈打愈烈，让我们情不自禁地想起了朝鲜战争。那场战争打了三年多，后两年打打谈谈，我们在战场的坚持和不断取得的战果最终迫使美方在谈判桌上低下头来。

看看美国精英群体目前对在战略上打压中国的嚣张气焰，就知道我们面临着一场几乎笃定的持久战，无论贸易谈判的进展如何，签不签协议，这场博弈都无可避免。要塑造美国对华的理性认识和态度，没有几场硬仗的参与看来是不行的。

我们必须要发扬上甘岭精神。同时也要看到，今天的"上甘岭战役"注定是别开生面的。我们的坚守不是在坑道中忍受干渴的折磨而任美军在地面上忘乎所以。贸易战不再是用勒紧裤带、极限忍受去赢得的决战，而是要在稳

199

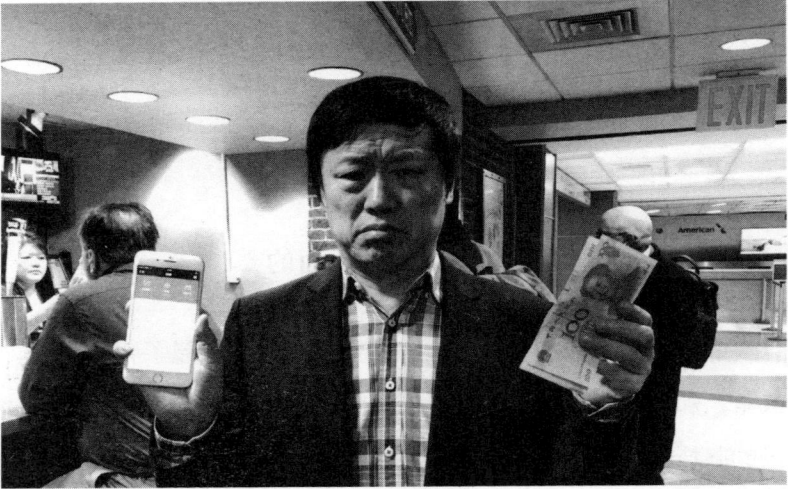

　　2018 年 2 月，胡锡进访美，在他的微博 @ 胡锡进中发布了一张图片，并配上文字，戏谑道："人民币微信支付都不能用，落后的'美帝'要饿死老胡了！"

住阵脚的同时营造、释放我方活力，用中国经济不断向好发展来摧垮对方意志的一场大博弈。

要看到，美方对华贸易战有两种赢法。一是中方全面妥协，甚至让出部分经济主权，任凭美方摆布。二是双方长期经贸对抗，在这个过程中中方经济遭受重创，发展能力严重萎缩，美方虽然也付出些许代价，但它做到了遏制中国发展，逆转中国国运。

美方的第一个如意算盘已经落空，中国人毫不畏惧的精神使华盛顿失去了用闪电战击垮中国的可能性。接下来我们就要摧毁它的第二把算盘，而这将是一场拉锯战，中方40年改革开放积累的实力给了我们从容的本钱，让我们把打与发展结合起来成为可能。

中国一定会致力于内部经济社会生活的全面繁荣，这当然是我们赢得对美持久战的生命线。各个地方、各行各业有必要不断做出审视和判断：我们这里的经济和社会生活的活跃及繁荣度是在上升还是下降？各种条条框框是在减少还是变多？我们的长期造血能力、我们的肺活量是在扩张还是萎缩？

打击美国嚣张气焰最强有力的武器就是中国经济走出增速下行，实现强劲发展。要看到，美方当前傲慢的一大支点是美国经济维持了西方标准中相对强劲的状态，尽管中国的增长率仍远高于美国，但中国增速的放缓让华盛顿误以为有了翘尾巴的资本。

试想一下，如果中国经济能够很快走出 L 型的底部，包括 GDP 增长率逐渐攀升的各种成绩全面显现，那么华盛顿还嚣张得起来吗？它还敢与中国接着打全面关税战吗？

中国完全有能力把经济进一步做大做强做活，只要通过深化改革，消除各种阻碍经济发展的体制机制障碍，我们的潜力是无限的，美国根本无法同我们比。另外我们有党的领导，国家一动员，大量改革措施可以迅速生效。

关键在于各地各领域要进一步认识到经济工作的高度紧迫性，它与贸易战的形势，与社会的信心，与各项工作的主动性都紧紧连在一起。我们常说每一个地方都要坚守阵地，而这种坚守在当前形势下的第一要义应该是把经济尽最大努力搞活搞繁荣。

不能不说，现在各地还有制约经济发展的不少条条框框，有的干部的思想没有跟上形势的大变化，没有认识到公众信心最需要拿什么去鼓舞、支持。他们的工作与当前最紧迫的需求没有对准，仍有不少不紧不慢的形式主义的东西。

中国别的能做成什么样另说，但是发展经济无疑是我们的长项。美国现在要用发展的声势欺负我们，应该是它正好栽在我们的手里。

我们经历了艰苦的调整，取得了伟大的成就。中国政治上更加团结，工作机制更加清廉，经济挤出了很多泡沫。现在是时候再一次释放我们的惊人活力，让世界认识什么是 14 亿人口的社会主义中国了。

让美国幻想关税战能把我们卡住的精英们去出丑，让那些预言中国经济将垮塌的人去自惭形秽。党领导的中国能够战胜各种困难和挑战，这不是中国人的口号，它是任何不相信这一点、幻想可以摧毁中国的那些力量都会在半路上迎头撞上的一座山。

班农们的"经济法西斯主义"

史蒂夫·班农近日对南华早报说，干掉华为比达成中美协议重要十倍。这是这位美国极右翼舆论领袖发出的最新狂言。班农一直鼓吹对中国进行"全面战争"，随着中美关系全面紧张，这位 2017 年进入白宫做首席战略师但很快又被逐出的激进人物似乎又在扩大影响，频频抛头露面。

值得指出的是，在中国，即使最激进的舆论领袖也不敢高呼把苹果或者麦当劳赶出中国。而班农的极端声音能够在美国回荡，他还对自己是"鹰派中的鹰派"引以为豪，这值得美国社会反思，他们保持国家理性的思想基础是否正在受到侵蚀。

班农的对华主张是一种"经济法西斯主义"，他宣扬的"迫使中国进行根本性改革"实为对中国的经济征服。他宣扬这是自己一天 24 小时都在做的事情，他要为此奉献一生。班农即使在美国也有大量反对者，但他的对华极端威胁正在成为美打压中国的狂热浪潮中给一些人带来麻醉快感的鸦片。

令人遗憾的是，不仅仅是班农，**美国出现了一批"经济法西斯主义"者。他们视中国经济发展和繁荣为根本威胁，恨不能将中国打回蒙昧时代。他们对全球供应链前所未有的冲击正在摧毁全球化的基础，把深刻的敌意带到这个世界上，进而威胁 21 世纪的和平。**

我们有两个基本判断。第一是，美方的激进对华态度会迫使有的西方国家对它做出一点呼应，但它要想往前走太远，逼西方国家都与中国高科技企业脱钩，形成整个西方对中国的科技和经济冷战，势必遭到抵制。因为这严重违反其他西方国家的利益。中国作为超大市场是西方国家继续繁荣的重要动力来源，同时保持与中美正常的经贸关系比跟从美国打压中国无疑是它们更好的选择。

第二是，班农的对华邪恶主张让我们可以管窥到美国部分精英对中国最恶毒的那些想法。它们在多大程度上会变成美国的现实对华政策尚不确定，但随着中美贸易战不断升级，中国社会应当做好应对美方最疯狂对华政策的准备，中国的高科技企业尤其要集体做好充分预案。我们要形成回击美国打压的现实策略，确保中国经济逆风飞扬，重挫美国的嚣张气焰。

华为在美国的重压之下表现出罕见的定力，这来自于它在 5G 网络技术中的领先地位，以及它对美国有一天可能对其采取扼杀行动长期的未雨绸缪。中国所有立志走向高科技巅峰的企业都需有类似于华为的谋略，依靠美国技术像搭积木那样营造出的繁荣都将危如累卵。

中国需要有更多华为这样的高科技企业。多有几家中国公司走到世界领先位置，它们就会形成相互借重的群体威慑力。当有一批中国高科技企业与外界交叉使用知识产权时，外部力量欲制裁一家中国公司时就会产生忌惮。

我们认为这样的形势是完全可能出现的。包括韩国、台湾在内的亚洲地区出现越来越多单项领先的高科技公司，而韩台综合科技水平并没有比中国大陆往前走太远。中国的科技公司只要奋发努力，科学经营，就有充分的希望打磨出各自的杀手锏，赢得自己的繁荣，同时充实国家的战略科技实力。

中国财政部近期宣布对已获利的集成电路设计和软件企业前两年免征企业所得税，第三年至第五年所得税减半，这是国家对半导体产业实质性支持的政策风向标，也是国家吹响应对美国战略打压的政策号角。企业的奋斗加上国家和社会的全力支持，曾经在极其困难条件下实现两弹一星大业的中国一定能够赢得这场对美博弈的胜利。

中国的庞大市场将为高科技创新提供全球最肥沃的成长土壤，以断供零部件来扼杀中国电信企业的叫嚣都形同在为美国的关联企业敲丧钟。得马失马，福兮祸兮，历史是充满戏剧性的。

舆论场上的"让步论""投降论"

经常看到有人做这样的总结：与美国关系好的国家都很繁荣，发展顺利，比如韩国、新加坡等；与美国关系差的国家都是走下坡路的，处处遭殃，比如伊朗、朝鲜、委内瑞拉等等。这种总结不能说毫无根据，但如果将这种总结无限扩大化，进而论证中国应当全盘接受美国就停止对华贸易战提出的条件，用"让步论"甚至"投降论"来主导中国当下的对美态度，则是荒谬的。

老胡要说，中国没有不想搞好中美关系的人，保持正常的、非对抗的中美关系是中国对美外交长期的一项基本目标。即使在今天，中国也没有与美全面对抗的意愿。我看到一些宣扬是中国主动要根本性改变对美关系的帖子，以及就此指责北京的各种言论，不能不说它们都是一些无稽之谈。

根本的问题在于，现在是美国要重新定义中美关系，而且提出了非常苛刻的条件，过去良好的中美关系因华盛顿的对华战略认识陡变而无法持续。现在及今后一段时间，客观上成为由美方发起的重塑中美关系的一个动荡阶段。 中国没有选择，唯有勇敢、积极地加以应对，并争取引导之。

中国是大国，这决定了我们不能简单地把自己与韩国、新加坡、伊朗、朝鲜做对比，我们无法加入与美国关系好不是不好、顺从美国还是抵制美国的中小国家序列。中美关系完全在被另一个逻辑主导，我们只能接受一个高度复杂、充满越来越多竞争的中美大国关系。我们希望管控好中美分歧，但这不完全取决于中方。

大家想一想，上世纪 70 年代中国的外交政策要比今天强硬、激进得多，但是美国主动求上门来，大幅缓和对华关系。如果今天中国还相对落后，就像今天的印度一样（印度 GDP 现在大约是中国的 1/5），那么我们的对美关系要轻松得多。2000 年时我们还能顺利地进入世贸组织，就是因为美国没有形成对中国今天这样的战略防范。

我们既幸运、又很不幸地成为了世界第二大经济体，美国看到了中国未来超越它的可能性，这成为它重新定义中美关系的决定性考量，它拒绝给当中留下回旋空间。

中国向前发展了，我们不可能让自己倒退。在与美国关系出现某种战略紧张的位置上，中国需要既来之则安之，调动我们这个民族的全部智慧，把这个位置上的角色做得最好。

我们必须有能力、也有勇气对美国重新定义对华关系的一些错误主张开展坚决反制，为此承受一些阶段性痛苦。目的是要让未来的中美关系尽可能合理，公平，其中要包括中国继续发展的权利和我们必须捍卫的各种国家利益。

目前中国舆论场上有一些"让步论"者甚至"投降论"者，他们的根本问题在于要把重新定义中美关系的权力完全拱手让给华盛顿，这等于是把中国变成一个"不设防"的国家，任由美方在经济科技乃至更广泛的领域对中国进行处置，换取贸易战的平息。这些人有一部分是被美国气势汹汹的样子吓尿了，但也有一部分人是出于个人或者小群体利益的考虑，他们不惜牺牲中国全体人民的长远利益而换取他们从中国不合理让步中所能得到的利益。

打不了阻击战是不会有谈判的，不敢战斗就不会有我们希望的和平，这是从古至今、无分中外的基本政治常识。中国要一个正常、非对抗的中美关系，就必须在美国猖狂进攻时让它充分尝到进攻的艰难和痛苦。只有这样，美方才有可能恢复维持正常中美关系所需要的理性。这个过程需要多久，中国就必须能够坚持多久。

这一两代中国人没有经历战乱和严重曲折，如果我们连这么点付出都承受不起，那么我们必将遭到中国大历史无情嘲笑。

从世界看"一带一路"，看到的是什么？

"一带一路"的十大意义

"一带一路"倡议 2013 年秋天提出，一家西方媒体总结道，"从巴拿马到马达加斯加，从南非到新西兰，越来越多的国家正式表态予以支持。"

世界对"一带一路"的研究越来越多，对它的重视程度和参与度相互推动着快速上升。那么从世界的角度看，"一带一路"意味着什么？

第一，"一带一路"是第一次由发展中国家发起的跨地区大型国际发展倡议，它改变了以往只能由发达国家设计全球性规划，并提供建设资金和技术的格局，为世界不发达地区新增了重要的基础设施建设动力源，在长期被现代化遗忘、边缘化了的地区划出了一条强劲的发展主线。

第二，它不是一个大型援助计划，而是共商共建共享、互利共赢的合作项目集群。中国的倡议和一些示范性投资点燃了很多国家的发展愿望，激活了那里的很多潜力。

第三，"一带一路"很大意义上是合作探索，其实不仅中国，每个国家都有强烈的对外合作意愿。"一带一路"的沿线国家彼此存在各种差异，与"一带一路"对接的方式必有各自特点，这会带来不同合作形式的色彩纷呈，从而为国际合作创造更多的可能性。

第四，一开始有一些国家对"一带一路"倡议的动机有所怀疑，认为它是"地缘政治战略"或者"新殖民主义计划"的声音都有。但是这种怀疑总的来说不断被越来越显著的合作成果冲淡，现在只剩下极少数国家继续抱有偏见。而国际社会不断深化对"一带一路"的理解也是各国同中国增进战略互信的过程。

第五，"一带一路"是高度开放的国际合作，它的节奏会快些慢些、紧凑些舒缓些，但它的理念逐渐推广开来，合作形式及套路创立了出来，这会形成惯性和内生动力。所以"一带一路"终将生生不息，持续造福沿线地区。古代丝绸之路延续了很久，全球化时代支持"一带一路"的现实元素无疑更多。

第六，基础设施建设会在未来很长时间里继续是人类社会发展的主题之一，而发展中国家内部和不同国家之间的联通必然是全球基础设施建设的主战场。先走一步的国家如何更加积极地参与相对落后国家的基础设施建设，形成互利共赢格局，这是人类需要不断完善的课题。"一带一路"为这方面提供了重要的实践与建树。

第七，围绕"一带一路"会形成未来世界基础设施建设占比很大的市场，创造各种受益的机会，也带来更多公平。"一带一路"推动了政治不干涉原则进一步的普遍化，让拆除更多合作的障碍成为现实，新型合作模式必将更有竞争力。

第八，"一带一路"给发展中国家带来了更多注意力，让发达国家更多关注了不发达地区的机会及潜力，有利于世界范围内发展资源的更合理配置。"一带一路"实际上起到了某种"建设导向"的作用。

第九，把"一带一路"继续推进好，仍有许多问题要解决，尤其是要加强中国投资的风险管控。同时值得指出的是，由于"一带一路"沿线地区的需求潜力十分巨大，管控相关风险存在有利的市场条件，因此这是发展中的问题，需要的是决心和经验。

第十，这些年通过推进"一带一路"，中国企业和我们整个国家都前所未有地开阔了视野，也经历了中国走向大国过程中必须有的磨炼。"一带一路"的实践必将载入

2017 年 9 月 19 日 15:23@ 胡锡进微博："在'一带一路'国际媒体论坛上，两位外国朋友问我：你是环球时报总编辑吗？我说是。他们说，我们每次都看你的（英文）视频，你说的洞朗对峙那些事，我们都看。我问他们来自哪里，他们说：尼泊尔。我们的手紧紧握在一起，并合影留念。"

中国史册，也将成为世界建设史的一座里程碑。

"一带一路"是中国的"马歇尔计划"吗？

2019 年 4 月 26 日，习近平主席在第二届"一带一路"国际合作高峰论坛开幕式上发表主旨演讲，他向世界介绍了中国进一步扩大对外开放的各种措施，除了在更广领域扩大外资市场准入，用更大力度加强知识产权保护，中国将不刻意追求贸易顺差，进口更多国外有竞争力的优质农产品、制成品和服务，不搞以邻为壑的汇率贬值，等等。

习近平提出"一带一路"高标准、高质量的发展，特别强调了"绿色"与"廉洁"在"一带一路"中的重要性。这预示了"一带一路"建设将升级。

世界不断举行各种峰会，但是"一带一路"高峰论坛是专注于发展建设的全球最大规模的盛会。它直接回应各国的发展需求，直面国际经济合作中的各种问题，这一高峰论坛和"一带一路"本身都在释放出越来越大的吸引力。

历史上的所有大国都是以地缘政治为先导，通过开拓势力范围来实现国家扩张。所以美国等个别国家和一些西方舆论经验主义地认为"一带一路"像"马歇尔计划"一样承载着中国的地缘政治雄心，他们认为阻挠"一带一路"

是可以成为遏制中国崛起的有效途径。

这是在根本政治思维层面的隔阂。中国在走一条完全不同的大国发展之路，中国的做法就是不断扩大对外开放，把自己每一个时期的优质资源、如市场等用来与世界共享，构建共赢的合作面，逐渐形成八面来风的、越来越强劲的发展格局。

受地缘政治思维根深蒂固主导的一些西方精英，要理解中国的国际政治哲学的确不容易，但如果他们能够做到把对"一带一路"的认知与现实做对照，就会避免严重误判。意大利、瑞士是新近参与"一带一路"建设的国家，它们或是北约国家，或被美国的盟友环抱，它们有可能成为中国的"势力范围"吗？

鉴于"一带一路"的高度开放性，参与它的共商共建共享很容易，接口很多，但是阻挠它却很难找到实际抓手。

"一带一路"建设当中显然存在一些不足，需要不断调整、改进，但这是如此宏大规模国际合作的正常起点和过程。不经过一系列优化、升级，"一带一路"就不可能成为历史性的全球发展事业。但问题在于，"一带一路"因为契合了 21 世纪最普遍的需求，成长性是它的第一属性，而最关键的这一点西方有一些人看错了。

其实"一带一路"就是给世界各地的发展需求搭建一

个尽可能朴素、有效的合作平台，这里不崇尚高谈阔论，也不是秀价值观、搞政治的地方。把一个又一个建设项目搞起来，对参与合作各方的利益都只做加法和乘法，不做减法和除法，实际促进参与国的经济发展，这就是"一带一路"的价值取向。

美国不支持"一带一路"，还有一个原因大概是它的航母编队太多了，国防预算太多了，遍布世界各地的军事基地太多了，而修桥建路、发展制造业的能力减弱了，当全世界围绕"一带一路"大兴建设之时，它的那些能力有点使不上劲。

这个时候美国需要顺应时代潮流进行国家力量结构的调整，而不是为固化利益结构动用各种手段强扭时代的方向。美国如果顺势而为，则善莫大焉。如果逆水顶风行船，它的吃力程度终将越来越重。

"一带一路"不含有与任何国家作对的目的，它的开放性在国际多边合作史上前所未有，即使存在一些困惑乃至批评，中方也不是用对抗去回应。比如欧洲的公司和银行很希望参加"一带一路"，但欧洲又希望提升"一带一路"项目的环保标准和透明度，这当中就有很大的建设性商讨空间。

让"一带一路"不断走向成功，是当今世界的共同利益所在，因为它将带来发展和繁荣。期待与此相反的结果并为此采取阻挠行动，是自私和短视在作祟，我们诚恳希望仍采取后一立场和态度的力量能够从善如流。

驳斥"债务陷阱论"

美国及西方一些人指责"一带一路"，开始时主要渲染它承载了北京的"地缘政治野心"，后来更多指责"一带一路"项目制造了发展中国家的"债务陷阱"。

迄今为止这仍是一个投资相对稀缺的世界，包括美国在内，世界各国都鼓励外部资本来本国参与建设，特朗普总统显然是最欢迎外部投资的美国领导人。此前国际舆论只批评过有的国家经营不善，导致债务到期不能偿还，还从没有过把矛头指向对外投资大国的情况。

中国无疑是第一个向发展中国家投资而被扣上给它们制造"债务陷阱"的大国。而且发出指责的不是接受中国投资的当事国，而是站在一边的美国，以及追随华盛顿的一些西方舆论力量。这真是国际投资与合作历史上非常奇葩的场景。

"一带一路"项目绝大部分都不是援助，而是投资。要是被投资国在财务上崩溃，它们还不上钱，中国手里只剩下一叠账单，如果出现这种情况，最着急的应当是中国自己。因此中国在与相关国家签署项目时，当然要考虑那些国家的偿债能力。这当中不排除在个别项目上出现对方还债能力出现问题的情况，但这肯定不是中国希望的，更不可能是中方故意设计的"陷阱"。

在我们看来，美国和一些西方人为了攻击中国，已经不顾逻辑和常识，连理性都丢了。我们怀疑，有一些很蠢的人在帮着华盛顿出对华政策的馊主意。

我们还很惊讶于一些西方人的偏激和自以为是的程度。明明发展中国家很不欢迎"债务陷阱论"，对宣扬中国搞"新殖民主义"更是嗤之以鼻，但那些西方人就是面无愧色地鼓吹自己的歪理邪说。他们太想抹黑中国，但姿势很难看，暴露的是他们自己的思维混乱和蛮不讲理。

事实总是比雄辩更有力量，"一带一路"广受欢迎，意大利、瑞士、墨西哥等与美国关系密切的国家纷纷参与到"一带一路"中来，迄今总共有120多个国家与中国签署了"一带一路"合作文件，如此强大的现实是对那些唱衰"一带一路"舆论的嘲笑。

当然了，"一带一路"是新事物，涉及如此大规模的投资，成为超级合作平台，这当中总少不了探索和调整。中国公司现在与外方商谈合作项目时，总结了之前个别项目出现中间一度搁置的各种情况，调研更加缜密，双方的相关工作更为细致，"一带一路"项目的可靠性不断增加。

"一带一路"在现实中广受欢迎，而到了一些西方媒体上，它满是毛病，那些西方舆论与客观现实如此背道而驰，从专业主义角度看，这是严重的蒙羞，是典型的不顾事实的立场先行。

由于不说真话，牵强附会，这样的舆论就决不可能产生实际影响力。"一带一路"恰恰在成为 21 世纪开创性的国际经济合作平台，表现出任何阻挠都抑制不住的成长力。"一带一路"是唱不衰的，唱衰者最终损伤的是他们自己的信誉。

科技现代化是买不来的

中资收购西方企业为何屡屡碰壁？

2017 年 9 月，美国总统特朗普阻止了一家据认为有中国国资背景的基金对美国莱迪思半导体公司的收购。这起收购案之前被美国外国投资审查委员会否决，后此案再被递交给总统，希望获准。特朗普的最终决定宣告这起价值 13 亿美元的收购彻底告吹。

华盛顿以国家安全和保护美国竞争力为理由阻止中方对美国企业的收购一再发生，此外它还指责中国要求在华投资的美国企业转让技术。就在近日，美国国土安全部还要求所有联邦机构禁止使用俄罗斯的卡巴斯基软件，原因是担心莫斯科能够通过该软件搜集华盛顿的情报，美方对自己利益的保护就像是受到了某种强迫症驱使一样。

我们怀疑大概是各领域技术先走了一步的美国之前通过在世界各地投资干了不少危害他国政治和经济安全的事情，他们以己度人，对很多来自中国的收购都严加防范，生怕"中招"。

其实欲被中企收购的往往都不是美国最先进的一线高科技公司，那样的公司在市场上风头正劲，自己也不会愿意出售。相信中国人倒是挺想买波音和英特尔的，它们会卖吗？

欲出售的美国公司一般都遇到了经营困难，出售给中资创造的是双赢。美国过严的国家审查在很大程度上割断了美国高科技公司向中国这一最大新兴市场融资的渠道，等于削弱了那些公司的市场化程度。当美国阻止华为这样的公司进入美国市场时，又等于是保护了美国落后的一面。从长远看，这不利于保持美国的竞争力。

华盛顿频繁干预高科技领域的市场活动，还给全世界做了不好的示范，提高了各国围绕国家安全的警惕，这会让政治因素更多地干预市场，最后会危害美国作为最大技术和资本输出国的利益。

美国的问题不再多说，此事再次给中国提了醒，随着中国逐渐接近高新技术产业的前沿位置，中国的继续前进要更多依靠自主创新和自力更生。

从西方购买技术和生产线，在中国工业化的早期阶段

2018 年 2 月 19 日 12:14@ 胡锡进微博："在武汉火车站，第一次碰上面部识别系统。得，老胡这张脸从此入库了。中国很快会形成全球最大的人脸数据库，以后犯罪分子更没处跑了。这是中国重大的数字基础建设，却意外遭到西方舆论的攻击，被扣上'控制社会'的帽子。我觉得这次还真是西方一些精英妒嫉咱们中国了。西方城市遍布摄像头，不是'控制'，中国推广面部识别系统，比他们先走一步，就成'控制'了。个别'异见人士'跟着一起骂，话里话外这是为了'控制'他们，太逗了哈。只要人脸识别系统有助于更强大的社会治安，有利于广大人民群众的利益，就坚决支持。当然，老胡同时想提醒，官方一定要防止数据外泄，保护好公众的隐私权。应该只有公安系统有权在公共场所安装人脸识别系统，其他任何机构都不可被赋予这个权力。建议加强这方面立法。"

是很容易做到的，因为中国那时只是西方普通技术的倾销对象。而现在中国已被西方国家普遍视为竞争者，后者与我们做技术生意的心态已经改变。

美国否决中资收购莱迪思半导体公司，它的一个深层含义是，美国决策者宁愿国家花 13 亿美元的代价，也要阻止中国获得此项技术进步。由此可见美国保持对华技术领先余量的决心。

世界最先进的技术肯定是买不来的，中国确实要拿出当年"两弹一星"的精神，开展对中国技术全貌有决定性影响的关键攻关。中国的工业化已经打下不错的基础，现在到了万事皆有可能的时候。最重要的是我们要下决心，并且根据现实条件开展扎实、强有力的组织。

世界经济秩序总的来说有利于发达国家保持优势，虽然中国经济规模已经很大，但在围绕尖端产业的博弈中，西方国家压制中国的手段要比在地缘政治游戏中更加自如。中国仅仅靠国家力量实现突围是远远不够的，我们必须推动鼓励高新技术进步的机制创新，把全社会的能量充分释放出来。

中国高铁的"弯道超车"和华为的成功展示了不同体制下可以挖掘出来的创造力，它们所昭示的意义需要整个国家和社会认真剖析总结。不能不说它们还只是闪光的点，要让这样的闪光点连成片，那就是我们期盼已久的中华民族全面伟大复兴的光辉。

北斗，既进取又友善的太空技术新星

2018 年 12 月 27 日，北斗三号基本系统宣布完成建设，当天开始提供全球服务，这标志着北斗系统正式迈入全球时代，中国追赶现代化的步伐又迈出坚实的一步。

独立建设全球卫星导航系统，是中国成为世界强国必须开展的基础建设工程之一。与北斗系统相关的一些信息可以帮助我们理解中国当下所处的方位。北斗系统是世界四大全球卫星导航系统之一，那三个除了美国的 GPS，还有欧洲的伽利略系统和俄罗斯的格洛纳斯系统。

与 GPS 相比，北斗在技术能力上到 2020 年即可旗鼓相当。但在完成建网时间上它比 GPS 晚了大约二十多年。

从应用上看，北斗系统有短报文和位置报告的长项，给导航加上了较强的通信功能，当然其他系统也有它们的所长，在市场占有方面，GPS 作为最早的系统一骑绝尘，但是北斗开始在中国国内快速扩展应用市场，很多国产手机、出租车和公交等已在全面使用北斗服务，它在一些"一带一路"国家也开始赢得市场份额。

如果世上只有 GPS，美国人或许更骄傲，但是独步天下总是难以维持，遭遇竞争不可避免。**GPS** 需要适应、接受北斗的竞争，善用竞争提供的动力，竞争会让几个系统都不断自我更新，不断向公众提供更方便、廉价的服务。

中国要有勇气参与世界高水平的竞争，加快现代化的追赶，同时也要保持谦逊，不因一项成就而沾沾自喜。通过北斗比 **GPS** 晚了二十几年这个单一时间要素我们就不难想象，我们虽然搭起了一些现代社会的骨架，但我们还有多少短板和缺陷需要填补。现代化的脚步可以加快，但无法省略。一步一个脚印的老道理适用于所有征程。

GPS 和美国不要过敏，北斗和中国不要急躁。卫星导航系统未来的业务空间将是无限的，而且只有一个系统远远不够人类使用。系统内部需要备份提供安全，人类则需要多个系统相互补充、备份的安全。当自动驾驶等快速移动广泛普及的时候，不同系统很可能要被同时使用，谁的即时功能强，谁就被选择使用，谁的技术好、可靠性强，谁就会赢得竞争，互联网、物联网时代的世界将会越来越公平。

目前日本、印度也在着手组建供本国使用的卫星导航系统，这个市场终将变得越来越拥挤。但从历史上看，"恶性的"技术市场竞争从来就不曾真正有过，卫星导航系统的稠密只会推动应用开发的不断繁荣。

中国在卫星导航系统的竞争中有独特优势，那就是中国人口众多，移动的载体数量巨大，国内市场条件非常优越。中国周边也聚集着欣欣向荣的新兴市场，又有"一带一路"延伸开去，北斗应当说前程似锦。

无需着忙，北斗应踏踏实实地谋求技术进步，国内外市场既靠开拓，也靠水到渠成。我们相信北斗会是个有进取心、同时也对其他系统友善的太空技术新星，为人类社会的整体进步贡献出一份强有力的建设性。

C919 大飞机首秀让世界感受"中国速度"

"梦想起航"，C919 载着一个东方古国伟大复兴的梦想飞起来了！

全球化在演变着，大国的竞争力也在演变着。中国自制的大飞机问世，反映了制造业整体的实力水平，也再一次折射出世界舞台中央那些大国的座次变化。

仅仅十年，从立项到试飞，中国又一次以"速度"让世界感到惊讶。高铁、航空母舰、大飞机……这些最具代表性的工业制造品，一个接一个地连接在一起，勾勒出了中国制造迅速攀升的成长线。为这一速度提供动力的，是一个正在迅速提升的全球最完备的工业体系。大型民用客机的制造，既是对中国航空产业的挑战，更是对整个国家产业协调、创新能力的挑战。选择这一艰难命题，当然不只是为了赢得一张大国的标签，而是要为航空制造业，为整个制造业创造出一个可以升级、弹跳的大平台。大飞机的制造是追赶，更是超越。它首先是对自身的超越。尽管有些技术和设备仍需从国外采购，但所有这些技术与设备的"合成"就是一种能力超越。这一超越将带动围绕着大飞机制造的产业配套展开全面竞争与升级。在我们的网络上，有关日本马桶盖的讨论直到今天仍在继续。大飞机告诉我们，那不过是"中国制造"全面提升进程中的一个阶段性现象而已。我们固然要重视马桶盖的技术，但同时也应看到，大飞机就像是一个急速奔驰的牵引机一样，会拽着很多细小的技术向前奔跑。相信在大飞机首秀的时刻，有成千上万的厂家在紧盯大飞机上那成千上万的零件，寻找着它们各自突破的机遇。

我们还应把这样的超越放到全球化的大背景下去观察。**C919 的出现必将激发全球航空技术与市场的新一轮激烈竞争。大飞机是中国制造升级的必然，在航空工业发展史的长河中，没有这种必然，就不会有今天的波音、空客。**这不过是又一个浪涛奔涌时代的开启，不同的只是，引发这场竞争的，是一个完全依靠自力更生、艰苦奋斗挺立而起的新兴大国。从遍布世界各地的廉价商品，到大飞机这样体现综合实力的"中国货"，究竟是什么样的能量才会激励着"中国制造"不断前进？政治的、经济的、文化的、价值观的，所有这些元素，都可以从大飞机的"身上"找到对应的点。中国用大飞机这样的实例，又一次让世界感受到了中国模式内在的动能。

大飞机还只是一个首航，前面还有很多关要过。从试飞到量产的道路不会平坦，技术参数也与波音和空客等竞争对手有较大差距，一些核心部件和技术仍要靠外购。它同时还面临着获得飞往多数国际市场所需要的欧美适航认证。但是，"中国制造"不就是在艰难拼搏中，一步一步走到今天的吗？我们经历了多少"从零开始"的"浴血奋战"。当中国制造还几乎是一张白纸的时候，我们畅想着怎样绘出最新最美的图画，而今天我们面对的，是一张已经初显美好未来的结构图；手中握着的，是更加美妙的画笔。

我们一定能够绘制出无比绚丽的彩图。

5G 是新军备竞赛？

2019 年 1 月 26 日，《纽约时报》发表长文，称美国政府已将中美对 5G"控制权"的竞争定义为"新的军备竞赛",认为谁控制了 5G,谁就能在经济、军事和情报上领先他人。《纽约时报》的报道援引专家的话说,5G 是一场革命,它所产生的影响力将会超过电力给人类社会带来的改变。

5G 到底包含有多大的技术推动潜力,以及拥有什么样的扩展意义,今天的认识很难是准确的,我们只知道它意味着很可能比 4G 还要多得多的技术可能性和商业机会,在这个问题上多释放一些想象力大概应被鼓励。但像美国政府那样朝军备竞赛的方向阐释 5G 的竞争,而且如此关注对 5G 的控制权,这是典型的美式思维。

美国在世界经济、科技的顶端待久了,产生了想控制世界的思维惯性,以为中国发展 5G 技术有争夺控制权的野心。它把零和思维像一根金属棒一样强行插入到高速旋转的全球化 5G 建设机器中,产生剧烈的碰撞和伤害。

全球化的经济和技术发展方式极大促进了各国利益的融合,它同时带来了利益分配方式的重大进化。世界并非在进行主导权的转换,而是主导利益的逐渐分散,未来很难再是一个由个别国家力量起全面支配作用的权力体系。

美国以野蛮的方式打压华为,完全蔑视商业规则,形成最近几十年全球化浪潮中最严重的迫害运动,而美方没有任何华为设备搜集情报的证据,它给华为定的罪名仅仅是想象出来的可能性。华盛顿就是要剥夺中国公司领先

科技现代化是买不来的

229

5G 技术的权利，它在推倒 5G 建设的市场逻辑，赤裸裸地把地缘政治逻辑摆到桌面上。

《纽约时报》的文章汇集了很多有意思的素材，但全文透出美国精英群体很深的强权思想烙印。一般认为，美国精英群体很不接受特朗普总统，但特朗普给世界印象最深的就是"美国优先"那句口号，而对于"美国优先论"，很多美国精英比总统走得还远，或者他们是彼此相互补充的。

美方以如此深刻的零和思维审视 5G 建设，是给全球化第一次制造实质性的波折，会带来一段时间和一定范围的混乱，但长久不了。

这首先是因为，抵制华为这一运动背后的美国利益并非整个西方世界的利益，说 5G 是"新的军备竞赛"，如此"深刻的思想"也只有地缘政治狂才能冒出来，没有控制全球野心的国家会觉得莫名其妙。

另外，5G 网络的初级建设可以选你的设备或者选它的设备，但 5G 创造、影响的市场仍将是贯通的，西方国家与中国利益的交融将随着中国进一步扩大开放而不断深化，今天人为制造的隔阂很难向整个体系传染，更大的可能性是无处不在的全球化元素逐渐包围、淹没所谓"5G 军备竞赛"那样的狂想。

《纽约时报》文章显示，打压华为、中兴等中国高科技企业已是美国的战略性行动，这些企业的外部市场环境短时间内很难好转，它们的唯一选择是把自己的技术开发得更好、更便宜，使得绕开它们意味着越来越大的损失，从而抵制它们越来越难。

美国对 5G 的战略构想是蹩脚的，因为与时代精神背道而驰，因此它的"军备竞赛"将会进行得很古怪，实际效果与它的初衷有可能南辕北辙。军备竞赛的思路很简单，依据旧经验也容易讲通，但它的荒谬会成为持久的成本。美国不可能不为把 5G 建设的秩序搅乱而埋单。

美用"举国体制"搞 AI 针对中国？

2019 年 2 月 11 日，特朗普总统签署一项行政命令，旨在推动美国在人工智能（AI）领域发展。这项行政命令要求联邦机构在研发投入中把人工智能列入优先地位，同时扩大相关科研人员使用政府数据的权限。由于中国被认为是目前除美国之外唯一在人工智能领域形成了竞争力的国家，此项行政命令被西方舆论普遍认为是针对中国的。

特朗普总统的行政命令让人想到美国的"举国体制"。从研制原子弹的曼哈顿计划到阿波罗登月计划，再到互联网的出世，美国国家力量都扮演了决定性的角色，现在特朗普政府似乎想如法炮制了。

然而华盛顿现在这样做的道义被它自己捅了个大窟窿，美国一直在指责"中国制造2025"，强烈反对中国通过国家支持的方式推动高科技进步，宣称这样做置美国私营企业于不利的竞争地位。现在的情况是中美谈判还没有结束，美方的政府支持计划就出来了。

捆住别人的手，自己则手脚并用，这就是美国现在要在 AI 领域做的事情。此外，美方加强了 AI 等高科技领域中国技术人员前往美国交流的限制，并且进一步管制对华技术出口，这些都有悖于公平的市场规则。

其实美国过于偏激了，从对 AI 的认识到它采取的措施，都与 AI 发展的内在逻辑和这一新技术所处的时代环境充满了不协调。AI 包括移动互联、智能感应、大数据、智能学习形成的综合能力。美国的 AI 基础技术毫无疑问强于中国，它在芯片行业、从 0 到 1 的创新以及高技术人才数量方面具有很多结构性优势。然而中国的大数据积累、应用动力和市场之大有自己的独到之处。

AI 将意味着前所未有的创新容量，评价 AI 技术谁做得更好的标准很可能也比之前比较其他技术时更加复杂些。回头看，中国的移动支付全球领先，但能说中国的 4G 互联网综合技术全球第一吗？显然不能。

5G 加上 AI，中国肯定会有一些应用上的新突破，中国互联网用户众多、应用需求充足，自然会把中国抬到某些 AI 应用的领先位置。但它们不意味着中国的整体 AI 能力走到世界前列，美国扎实的 AI 技术基础能力短期内很难被超越，中国人很懂这一点，美国人有什么可惊慌的？

美国一些人将 5G 竞争称为"新军备竞赛"，这是对冷战思维着了魔的脑筋急转弯。国家竞争的含义大为扩展，性质也在悄然嬗变，但推动"新军备竞赛"的那些人的确仍生活在旧时代里。

在发布上述总统令的同一天，美国国防情报局还发布了一份报告，宣称俄罗斯和中国不断提高的太空能力可能很快就会阻止美国及其盟友自由地利用外太空。理由是，俄中拥有或即将拥有跟踪、摧毁美国卫星的能力。

这两件事暴露了美国的同一个心理，那就是它追求各重要领域的绝对优势，以及以此为基础的美国绝对安全。就像美国不仅要求核攻击能力世界第一，而且要造一个可以拦截外部核攻击的可靠的反导系统。似乎只有这样的绝对安全才会让华盛顿安心。

然而这样的绝对安全只在火星上才会有，地球上的人类进入现代社会以来，世界安全的基础是均势，而非压倒性的优势。当了一段时间唯一超级大国之后，很多美国人似乎忘记了这一点。

绝对安全今后会离美国越来越远。只有美国搞明白，比它弱的国家在 21 世纪里越来越没有理由冒险向它发起挑战时，它才会真的感觉自己比那些相对弱的、它不喜欢的国家更安全，而不是更不安全。

谷歌，每一次都不是中国要你走

2019 年 3 月 27 日，美国总统特朗普会晤了美互联网巨头谷歌的首席执行官桑达尔·皮查伊，特朗普随后发推特称，谷歌坚定承诺支持美军而不是中国军队。特朗普的推文还说，他们谈了谷歌可以为美国效力的事情。

谷歌因为在北京开设了一个人工智能研究中心，而受到美国军方和一些激进舆论的批评。美参谋长联席会议主席邓福德宣称谷歌的研究成果会让中国军队间接、甚至直接受益。

这是华盛顿致力于在高科技领域打压中国的又一突出例子。阻止盟友使用华为产品是扼杀中国高科技企业的努力，而阻止谷歌在中国开展合作则是要浇灭美国高科技企业进入中国市场的热情。

不过美打压华为开展得非常艰难，它的大部分欧洲盟友对此态度冷淡，欧盟执委会的最新决议未呼应美国的要求，而是让各成员国自己做决定。

华盛顿现在要谷歌等高科技巨头远离中国，也不可能很顺利。特朗普政府在给本国的公司出一个很大的难题。

很多美国的盟国不想放弃华为，是因为后者确实是5G网络技术的领导者，放弃华为意味着错过5G网络建设的第一拨，而且牺牲自己5G网络的质量和性价比。美国的要求与那些国家的利益发生直接冲突。

而要美国高科技公司退出中国，意味着迫使那些公司放弃中国的市场和资源。比如对人工智能研究来说，中国是世界最大的数据资源拥有者，也是最大的使用者。而21世纪数据的重要性常被比喻成工业化时代的石油。

美国信息技术巨头有些在未广泛参与中国互联网发展的情况下做大，但那只是过去一二十年的问题，这样的隔绝对未来意味着什么，这是一道重要的考题。让地缘政治来主导答案，这对商业科技公司来说是糟糕透顶的选择。

谷歌关闭在中国的人工智能研究中心，想象中的对中国军方所能造成的打击，与谷歌自身将面临的损失，显然是不可相提并论的。前者是不确定的，而且是有多种方式可以补救的。但谷歌如果切断自己与中国庞大数据的联系，它的人工智能研究就可能在一个重大方向上出现缺陷。

谷歌的这个例子显示美国正在形成这样的思维方式：**在华的美国公司全都可能被中国政府拿走它们的技术，因此它们最好都离开中国**。这是极端狂妄自大和对市场规律严重无知共同导致的地缘政治冲动，如果这种思维不断转化成美国的国家政策，最大的受害者肯定不是中国，而是美国的那些公司。

华盛顿的精英们过于低估了当下中国的自主创新能力，也低估了中美交流对塑造美国高科技公司活力的贡献。美方还对全球化所产生的对科技公司行为方式的规定性影响认识不足，它在拍脑袋做决策，耍任性。

中国正在通过改革开放的新措施加快优化营商环境，人类经济技术发展各种要素在中国的更多汇集不可阻挡。美国想孤立中国，但它真那样做时，结果是高度不确定的。中国市场的开放度与中国市场潜力的优化比将逐渐超过美国，最终美国所造成的自我孤立程度也将大于它带给中国的对外开放和融合难度。

2010 年谷歌搜索业务撤出中国，当时是美国价值观所形成的压力迫使它离开。今天美国政府又以安全为由要谷歌的研究项目离开中国。中国一直没有变，欢迎谷歌和美国互联网公司在遵守中国法律的情况下来华开展业务。

美方围绕谷歌的表现还透出一个信息：它可以指挥谷

歌，要求谷歌提供各种效力。美方一直在宣扬华为受中国政府操纵，它从未拿出过证据，却向世界展示了它可以如何影响谷歌。美国的信息产业巨头是否有帮政府搜集情报的义务呢？这才是真正现实的问题。世界真正应当提防的不是华为，而恰恰是美国的高科技巨头们。

第四章

风华正茂

中国社会要立好规矩，维系宽松氛围

企业与党和国家的利益应是一致的

互联网里的自由与不自由

留学与"告密"

不刻板的"主旋律"

　　2019 年 2 月 3 日 10:27@ 胡锡进微博："今天凌晨，环球时报中文版编辑部做完狗年最后一期报纸，深夜时分，拍下夜班的这张"全家福"。我一直认为，有一个长期供职的单位和几个亲密的同事，是人生的一种福气。照片里有的人奔四奔五了，但他们刚来报社时，都是二十多岁。环球时报陪伴他们度过了人生的一段宝贵时光，他们一边在这里工作，一边建设生活，买房买车，结婚生子。我很怕报社衰落，这些人被迫去社会上漂泊，新的工作收入低，还受气。环球时报管理层为工作倾尽全力，我承认自己很清楚我们对国家利益承担的使命和责任，但很多时候还是忍不住首先想的是怎么让这些人好。所幸环球时报 2018 年的广告等收入在回升，新媒体更上一层楼，市场的老虎在凶恶猎食，但我们是跑得最快的角马之一。总会有员工辞职，我们拦不住，唯有祝福他们。但有的人在外面没混好，希望回来，我们从不拒绝。我很传统并且刻板，我就是认为，单位应当是员工的家。既然是家，就允许一个人进进出出。一定有人愿意指出，这一切是糟糕透顶的管理。我发自内心接受这样的判断。至于十几年前与我们各领风骚的媒体很多倒闭了，还有的衰落了，但环球时报一直在保持着一线媒体的影响力，我觉得唯一的解释应该是我们实在太幸运了。"

中国社会要立好规矩，维系宽松氛围

什么是立规矩的试金石？

改革开放以来中国社会的容量不断激增，我们从一个相对简单的社会步入无数维度和角度错综交织的复杂社会。管理中国这样的超大社会，使它长期保持发展的动力和活力，是这个国家的挑战。

要把方方面面的规矩立好，这是中国社会治理实现高效、平稳的前提，也是宽松有所依托的关键条件。不能不说，由于中国在过去相当长时间里法治不彰，把规矩立好，让党纪国法在社会治理中扮演中心角色，这是全社会现阶段的一项共同使命，也必须是大家的集体实践，万万疏忽不得。

在立好规矩的同时，保持整个社会的宽松氛围也至关重要。能否做到这一点实际上是各领域立规矩质量的试金石。

在中国这样的大国里，把中央的政策落实好，避免政策下到基层时走样，保持整个过程的建设性和积极性，几乎是永恒的挑战。政令不出中南海，或者政策一边往下走一边走样，这两种情况对国家都非常有害，没有一个一劳永逸的办法解决它们，哪个地方做得好或者不够好，取决于千差万别具体情况的组合和博弈。

一旦社会各领域的规矩不强，相关领域的路线就可能走偏。另外，社会的宽松氛围又是经济发展、文化繁荣的基础条件之一。什么叫有规矩，什么叫保持宽松氛围，如何处理彼此的关系，这当中有没有一个恒定的计算公式，单抓其中的一项比较容易，将两者协调好确实是中国很特殊的考验。

大家达成下面的共同认识恐怕很有必要强调，即中国已是世界第二大经济体，被外部世界盯着，既坚定又宽松是世界对我们的期待。至于如何才能做到二者的结合，需要在实践中不断摸索、总结。

对一些人来说，立规矩更容易搞清楚标准，操作也有抓手。但是对维护社会宽松氛围就显得比较泛，不知道怎么做，还担心"政治不正确"，所以干脆宁紧勿松，在全面统筹方面下力不足。

然而全面统筹对我们的社会又是至关重要的。**我们的道路一定要走正，行军途中又要长期保持饱满的精神和不竭的动力，不能一路皱着眉头，否则我们就可能走不到最终的目的地。**很多地方都吃过走错路的大亏，另外，毫不心疼地损害社会活力，也是一种高级黑的常见病，中国两方面的教训都足够多。

最近几年，立规矩不力的单位和责任人有不少受到处理，我们相信，今后没有在立规矩同时用心保持相关领域活力的做法和表现也会受到纠正，因为社会的宽松氛围是这个时代的重要资产，同为保持中国社会前进的宝贵品质。

所以要警惕以加强社会活力的名义而对规矩、尤其是对政治规矩的阳奉阴违，同时也要反对认为社会宽松氛围不重要，甚至制造了社会紧张气氛也在所不惜，而且将其当成一种"政治正确"来行事。在实践中，前一个问题比较容易识别，而后一个问题有时能制造"立场坚定"的错觉，产生慢性危害。

在一个大社会里，保持正确的方向和社会凝聚力，不断排除极端政治因素的影响，又不让这些工作带来紧张感，持续保持全面发展所依赖的宽松氛围，殊为不易。也正因为不易，它需要整个社会不遗余力地去争取。中国社会这些年总的来说在这方面得了高分，而把这一全面统筹做得更好取决于各层级无数具体努力的积累。中国道路说到底要靠无数人一步一步地走出来。

稳定与发展，孰轻孰重？

改革开放将中国经济从过去几乎完全的公有制变成多种所有制经济共同发展，这成为这段时期社会多元化的重要源头。而多元化必然增加治理的难度。改革开放的一个长期问题是，如何把握推动经济社会发展与维护国家安全或者说社会稳定的关系。这很可能也是思想解放的焦点之一。

光要稳定，牺牲发展，这肯定不行。缺少经济社会强劲发展的稳定，最终将成为不稳定的僵局。历史已经反复证明了这一点。然而只顾发展，忽视社会稳定的底线，就会导致国家政治上的失控，最终演变成全社会的灾难。苏联、南斯拉夫的解体都是血淋淋的例子，避免那样的悲剧在中国重演，是我们长期不能忘记的政治座右铭。

中国过去40年处理发展与稳定的关系总的来说把握得不错。我们建立了在发展中解决问题，在发展中实现稳定的思想逻辑。"发展是硬道理，稳定是硬任务"，这样的辩证关系深入人心。

但是我们也有很多具体的困惑，那就是在每一个时期，面对具体问题，该如何把握发展与稳定的平衡呢？当多元化伴随了一些非主流的意识形态表现时，国家应当把包容多元化还是制止意识形态脱轨的现象作为治理的首要目标呢？我们如何走出"一放就乱，一管就死"的怪圈呢？

我们认为，这是个高度实践性的问题，恐怕无法只用一个原则性方案来规划解决所有事情。

众所周知，所有社会都天然存在不同意见和部分反对性情绪，这是无法去除的天性。西方社会的政治体制建立在不同意见的对立和冲突基础上，而中国的传统则以缩小不同意见、凝聚社会共识为目标。

中国总的来说较好实现了自己的政治目标，尽管新中国成立以来有过正反两方面的大量经验教训，但是对于团结和稳定重要性的认识在中国越来越深入人心，不仅国家管理者们这样看，大多数群众也这样认同。

在这种情况下，中国其实有了更多完善发展与稳定之间关系，从容对待多元化伴随的一些问题的政治及社会资源。**国家实力、历史经验以及民意等等共同塑造了这个社会对于多元化产生某些延伸影响的承受力。由于验证这种承受力的机会并不多，我们有时会低估它，从而忽视了我们的社会已经形成追求稳定的内在力量。**

今天是中国自近代以来综合发展的最高点，是中共领导力最强大、成熟的时候，也是中国社会视野最广、经历了洗礼的集体自信最厚实也最真实的时候。此时的中国最有资本深化改革和扩大对外开放，现在应当说是中国改革开放导致各种失控风险最小的时候。

我们应当更加解放思想，探索体制包容经济多元导致社会多元的更大空间，进而实现中国体制与市场经济更好地兼容，解决过去间歇性出现的磨合痛点。党的领导和全面依法治国的推进能够保障中国这一实践的平稳，这个国家不太可能在大局可控的情况下因为某个具体问题的爆发而颠覆。

中国的改革开放最早就是顶着风险起步的，事实证明，只要党的领导坚强，发展目标明确，中国驾驭前进路上风险的能力无比强大。市场化催生的多元带给了中国更多的繁荣和回旋力，它们比治理风险要突出得多。换句话说，只要中国在前进，我们的国家安全就更有保障，而不是相反。

如今中央对更高水平的改革开放已经投子成局，各地的人们应当解放思想，及时跟上形势。要相信，中国的大好局面每一次都是干出来的，而不是守出来的。国家的政策也应当加快配套，鼓励实干和担当。

中国需要什么样的批评？

今天想围绕批评说几句话。

一些人专门从事批评，我觉得他们挺不容易的。中国需要批评，这个判断到什么时候都需坚持。

但是怎么开展批评，这是大家必须思考的。套用西方舆论的表现，来说中国的事，那是不行的。西方是多党制，社会内部存在并鼓励各种政治对抗，它们的体制就是对抗摞着对抗搭建起来的，所以在西方社会骂谁都是很平常的事。西方那样好不好，是个大话题。西方的体制在20世纪占了上风，但进入21世纪后，暴露出政党恶斗、政治极化等重大弊端。不过这不是本帖的重点。

我想说的是，中国宪法载明，中国是中共领导的社会主义国家。在中国如果换执政党，跟西方国家换执政党完全不是一回事。中国发生这种事，就是宪法颠覆了，中国政治再来一轮彻底的大洗牌。说实话那太恐怖了，它所意味的国家大动荡不是中国广大民众愿意承受的。

下面是我想说的结论：

第一，在中国搞批评，不能违宪，不能把矛头针对国家根本政治制度。在西方可以做的事，在中国有可能就是有害并且非法的。冲击执政党的权威，动摇人们对国家道

　　3月15日23:57@胡锡进微博:"老胡每天夜里给蜻蜓录一段'胡言不乱语'的时政音频节目,蜻蜓给送来了这么唬人的话筒。如此鸟枪换炮,让老胡这种时政老戏骨顿时找回了几分时髦感。"

路的信心，这都不是批评者应当做的。在西方，也不能冲击它们的体制本身啊。如果西方的精英人士呼吁抛弃它们的三权分立，建立中国式的政治制度，一定会受到各种压力，并因此付出代价。

第二，在中国不能鼓动对立。中国的体制决定了社会的和谐运行方式，而不是通过无处不在的对立和对抗来实现社会治理的平衡。中国的一些批评者喜欢模仿西方舆论的样子，通过极端表达方式吸引观众，而这种做法对中国社会的良性运行造成侵蚀，因此也必然受到限制。

第三，批评者一定要把事实搞准，再搞准。影响越大的批评者，越要承担起准确批评的责任。而且不仅要做到微观真实，还应兼顾宏观真实。就是说，批评者要有这样的意识：他所造成的社会注意力集中不应放大问题在社会中的实际情形，避免给人以某个局部问题代表了整个国家面貌的错觉。

老胡想说，中国走了一条独特的发展道路，它迄今的实际效果是高度积极、正面的。西方一些力量一直在极力否定中国的道路，我主张中国的批评者都不应加入他们的这一努力。如果那些批评者没有这样的意愿，就要有意识地避免给人这样的错觉。

其实从宏观上看，中国一直在探索如何做到既让舆论开放，又确保国家政治安全，社会有凝聚力。不能不说这是个相当艰难的过程，在有西方价值体系干扰的情况下，尤其如此。真诚希望政府及社会机构对批评的承受力不断增加，这很重要；有影响力者开展的批评越来越具有建设性，摆脱激进和极端，这同样很重要。此外，公众对各种声音的良莠识别能力需不断加强。

中国需要批评，而且批评应当增强而不是摧毁社会的信心，真正有益于这个国家。

该如何让公知高兴？

新年之际，正是回顾过去展望未来之时，互联网上也出现一些"新年献词"之类的帖子。它们有个人写的，也有"百名公知"的"新年寄语"总汇。它们表达了一些不满，或者用隐晦的春秋笔法，或者直接使用激烈的语言。它们的传播总体上不是很广，产生的影响有限。

无论公知们的"新年寄语"是否传播了开来，他们有不满是可想而知的，他们大体想说什么也不难猜到。中国社会上有部分公知持不同意见，怀有一些情绪，是社会多元化的标准表现之一。

时下公知享有的舆论空间与前两年相比有所缩小，他们很不高兴，自然有牢骚要发。然而前些年他们的主张可以尽情广播，对舆论产生巨大影响，但他们同样没有满意过。回想他们当时的"愤慨"，似乎一点不比今天少。

大部分公知都在中国社会里拥有正常职业，有些属教学科研领域的精英人士。如何赢得公知群体对国家路线的认同和支持，这是中国的一个长期难题。

如果能够将这个问题化解，再好不过了。不过即使化解不了，恐怕也不是什么了不起的事。有一种可能是，一个国家永远会有一些公知不高兴，让他们高兴起来在政治上就是不可为的。

不过有一点很重要，国家路线的对错，与公知们给予什么评价关系很小。在有些时候，甚至与"民意"支持程度的高低也不是绝对对应关系。**一个时代必须有所作为，取得国力增长和民生进步实实在在的成就，它的实绩比舆论场当时的氛围更重要，更能经得起历史的推敲。**

上世纪 80 年代中后期到 90 年代初期，中国社会在思想上非常动荡。但那个时期恰是中国的改革开放路线不断调整并形成最终轮廓的关键时期。那些年中国社会里弥漫了各种抱怨，然而回头看，国家路线在那个时期的坚持是何等重要！

一些人主张，知识分子的使命就应是批判。如果这个逻辑是有道理的，那么政府对待批评的态度中就必须有不惧批判、顶着批判工作的一面。什么是对的，什么是错的，任何理论和任何国家的经验都不能成为标尺。实践是检验真理的唯一标准，这个道理我们永远不能忘。

由于有了互联网，表达意见变得极其容易，而且总体看，批评的成本和代价下降，似乎是个趋势。西方社会形成了批评很多、批评也很不值钱的社会治理结构。中国则是另外一种情况，批评受到了管理，但是批评所产生的社会影响也非常高。

中国究竟该如何管理各种意见，把意见表达放开到什么程度，至今还没有形成稳定的范式。中国可以说一直在探索这个问题在我国体制下的建设性密码，而且探索得相当努力。但是需要有更多的人明白，这样的探索过程注定充满争议，甚至可能是"费力不讨好"的。

和谐是中国这种超大社会的生命线，然而人们对和谐的理解却常常出现分歧。如果说很难给和谐下一个定义的话，那么社会的稳定与发展则是它最后的硬指标。当然了，它一定还有很多其他指标，而且我们衷心希望中国和谐的指标能尽可能占全。但是那两个硬指标永远都应被摆在和谐的基石位置上。

企业与党和国家的利益应是一致的

岂止马云是党员

在一份改革开放 100 名突出贡献者名单中，马云榜上有名。对他的介绍显示，他是中国共产党党员。这个信息在中国国内也引起了舆论的一定兴趣，但远没有西方舆论的报道和关注量大。

西方主流媒体几乎都报道了马云是中共党员的消息，而且很多做了在中国人看来颇为奇怪的解读。比如一些西方媒体认为这个时候公布马云的党员身份，是为了强化中共的影响力和公信力。还有的西方媒体质疑：如果党的利益和股东的利益发生了冲突，会怎么样？

这些报道在总体灌输这样一种印象：马云不是正常的企业家。那些媒体就差把马云说成是一个世界经济的"渗透者"或者"特务"了。

它们显示了西方媒体对中国体制的巨大误解和偏见，一个在中国再正常不过的事情，被当作了"异端"来描述。这让我们怀疑，一部分西方舆论精英对中国的误读越来越有了"宗教偏见"般的固执。

当然了，也不排除有一部分西方媒体原本就对中国电商的风生水起不满，借机"黑"阿里巴巴一把，故作惊诧状。

总的来看，一些西媒把对中国体制的攻击作为了对中国崛起不满的发泄口，从西方价值坐标炒作马云是中共党员这件事，是这方面蛮典型的表现。

其实中国的民营企业家是党员的有很多，著名企业家梁稳根、王健林、许家印、柳传志等也是。这在一定程度上折射了中共与改革开放成就的深度关系。**党的事业是为人民谋幸福，为中华民族谋复兴，这与优秀民营企业的社会责任高度重合。**探讨党的利益与民营企业利益之间的矛盾，大多数中国人会认为这是个伪命题。

在中国也有少数人挑拨民营企业和党的关系，但这种人总是一露头就遭到舆论自发的口诛笔伐。

西方普通人误读社会主义和共产党，是可以理解的。但西方精英持那么深的偏见，就是狭隘和短视的。

中国以极其薄弱的经济发展基础实现了国民经济的高速增长，经济社会的方方面面取得惊人成就，这是一个非正常社会所能做到的吗？事实上，中国在最近几十年所实现的经济社会进步幅度是全世界最大的，这恰恰是中国体制总体上健康、合理的证据。不能够正视这个证据，这是西方精英整体思想能力的悲哀。

不仅民营企业家，中国大部分领域的优秀分子都有很高比例是中共党员。中共是中国建设的中坚力量，它不仅是中国的领导者，也是为推动国家前进冲在一线的生力军。中国社会对中共党员所发挥的积极作用给予了正面的肯定，这是毋庸置疑的。

由于中共有 9000 余万党员，这么大的队伍，必然也有其复杂性，但是西方认真的中国研究者应当能够分辨出什么是中共这支队伍的主流，其存在问题的性质又是什么。

马云是中共党员，这是 14 亿人的中国社会认为正常且欢迎的信息，马云的事业又为互联网时代的进步提供了推力。因这个消息而感觉不舒服的西方人有必要反思自己的价值坐标是否出了问题，而拒绝这样的反思大概只能被解读为不该有的傲慢与偏执。

我对"996"的认识

我既是环球时报全媒体负责人，又是雇员，所以我对

"996"能有两个认识角度："老板"的和员工的。

"996"的讨论不会很快过去。中国通信和互联网的顶级公司在全球形成了一定的竞争力，从某种意义上说它们就是拼出来的，包括它们的团队付出了更多的努力和代价。我有点担心"996"的事情闹大了，会在当下很重要的时刻削弱那些公司的竞争力。我相信苹果、诺基亚、三星，亚马逊等公司看到中国网上的这些讨论一定乐开了花。

然而事情该来的一定会来，每一个社会逐渐富裕起来之后，人们对超时工作的忍受力都会减退，对各种权利的主张都会强化。成功的公司需要正视这个大趋势，通过与时俱进的调整不断更新自己的竞争力。

我担心的是，如今信息产业的明星公司都是民营化的，它们的老板又都是极其勤奋的"拼命三郎"，他们对励志、拼搏都有坚定的价值认同，发自内心地鼓励年轻人将事业置于至高无上的位置。也许他们中有的人会不理解当下一些年轻人希望事业与生活更加均衡的价值取向，会将后者对过度加班的反感或不情愿看成是没出息。

可以说，成功强化了优秀企业家的自信，也可能拉大他们与普通人人生观之间的距离。这可能导致他们的一些看法和认识"脱离群众"成为一种风险。

老胡既是个总编辑、企业法人代表，同时也是个打工

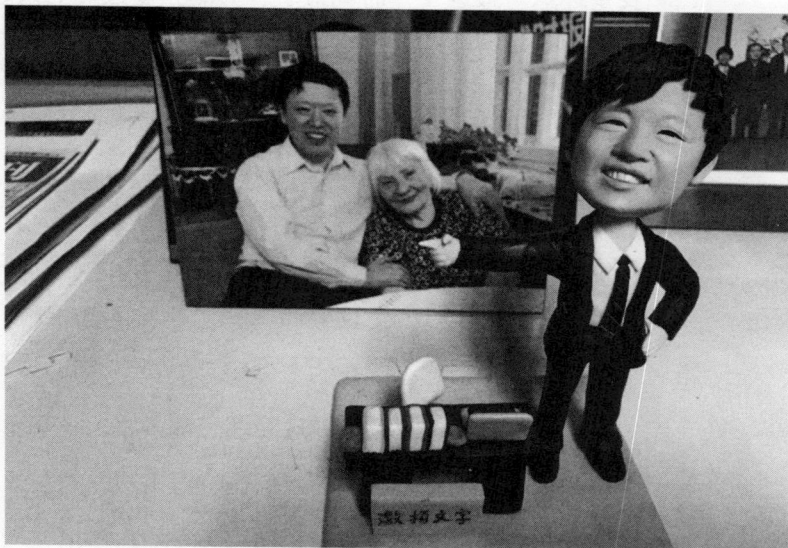

　　2018 年 6 月 13 日 23:08@ 胡锡进微博："你累吗？现在是 22 点 50 分，我刚写完第二篇社评，我需要接下来做一个十几分钟的音频节目。然后看几个报纸的重点版面，别出错。有点累呵。我今天 7 点 40 出的家门，比平时早，上午开了两个会。我常对自己说：累，也要忍着。男人尤其如此。我不知道能否把这句话送给你。争取喜欢你的工作，累的感觉会少一点，所谓乐此不疲。但我告诉你，人累不死，但能气死。而不被气死，最重要是心中别有气。你一定比我年轻，大概和我一样一日不劳动一日不得食。不要学我的工作长度和强度，但为了快乐一点，咱们共勉。"

者，这使得我有可能同时体会到企业老板和员工两种不同的难处。

我是环球时报里工作时间最长、劳动强度最高的人。我要对环球时报的工作负总责，工作时间远远超过"996"。我对已是全媒体的环球时报实现尽可能好的社会效益和经济效益都有很强的责任感，这既出于我的职业热情和兴趣，也有一部分属于我的所谓"觉悟"吧。

如果报社的所有员工都有与我同等程度的职业热情、工作兴趣乃至"觉悟"，像我一样不计工作时间和报酬，全心全意投入工作，那么报社的工作局面该有多好。然而我深知我不能这样要求大家。环球时报好与不好，我毫无疑问是第一利益攸关者，其他同事们因位置不同，利益攸关的程度也不同。报社管理层、老员工与年轻人对报社兴衰的承受力也是不同的。

所以我本人无论怎样努力工作和付出，都是应该的，管理层也"比较应该"，但是对员工就需要尊重他们作为雇员所拥有的各项权利。我个人很难有正常、完整的休息日，连续十几年没休过年假，但是员工们的休息日和年假尽量要保障。一旦因某种原因占了他们的休息时间，我们一是激励，鼓励大家把忙碌看成是新闻职业的骄傲，二是补偿，或者换休，或者给加班费。

就像前面说的，由于环球时报是国企，既是单位的领导者，又是一名雇员，所以我能清楚体会到保持一个单位的长期繁荣有多么不容易，非常需要所有员工尽职尽责，充分展现主人翁责任感；同时我又能够理解每一个员工都有合理的个人利益需要照顾。让大家都把报社的事业完全等同于他们"自己的事"是不切实际的。

任何企业的员工都来自"五湖四海"，优秀的企业能够做到将公司目标与员工们个人利益和事业规划的契合度最大化。但是毕竟这种契合度只能是所有员工利益的最大公约数，它们之间不可能是等号。所以仅仅是励志的道德号召远远不够，将高管们对企业的忠诚度作为榜样要求所有员工践行，号召大家做相同的付出，也是不可能做到的。

这或许是一些互联网企业传出对"996"不满的原因所在。发生了这些问题的企业必须承认这种原因的合理性，有针对性地化解问题，逐渐做出调整，而不仅仅是通过强化道德动员来冲淡相关的情绪。

说实话，我很期待中国的互联网科技公司能够发展得越来越好，因为这关系到整个国家的竞争力，并且进而影响到我们所有人的利益。问题的实质是，中国正在继续爬坡，而爬坡必然是吃力的。如何爬得更加稳健、有力，既需要意志，也要讲科学和智慧。

小微企业是中国经济的毛细血管

小微企业是中国经济的毛细血管。近日老胡与一个做小微企业的老相识做了一次深谈，听了他的倾诉和吐槽。我觉得这位 L 老板的情况蛮典型的，写在这里与大家分享。

L 老板 58 岁了，19 年前与人合办一家贸易公司，后来合作者走了，他自己做了老板。他们专营塑料管道，向各种企业供货。企业的水暖系统，排污系统都需要塑料管道，而且过几年就要更换，他们有了一些稳定的客户。19 年间，市场大环境和销售方式都有了很大变化，但他的公司生存了下来，卖的东西没太大变化。

他的公司高峰时有 20 多人，现在剩下 8 个人，一年销售额约 1000 万人民币，但是利润越来越薄。他说这有两个原因，一是所有成本都在增加，二是他自己岁数大了，无心也无力开拓新业务，基本是吃老本，在原有市场和业务方向上拼。

我问他，2018 年的情况怎么样，他说销售额和 2017 年基本持平，但是由于成本增加，利润进一步被挤占，没有亏本，但盈利也所剩无几。我问具体哪些成本上升了，他说有三块，最大的一块是房租上升，因为 2017 年下半年抓安全生产，他原来租的农民房当仓库和办公区，一年18万租金。因为安全不达标，过不了检查，被迫租了地点离市区更远、但正规了很多的库房，房租涨到一年28万。二是因为地点远了，他要给员工发交通补贴，一人一个月600元。第三是北京市的社保基数每年上升，虽然缴纳的系数降了，但企业支付的社保总额提高了。他说，企业总的成本增加了大约20万元，这对他这样的小公司是个大数。

他说自己的公司太小了，没有博弈能力。国家的增值税率降了一个百分点，客户都清楚，这一个点的好处都被客户要求降价拿走了，落不到他的企业上。

他的公司8个人，包括他和他的弟弟，两个人每人的月工资不到10000元，其他员工平均5000元。个税提高缴纳基数对他们公司的员工基本没有影响。8个人包括他在内有4个是北京户口，4个是外地户口。他们公司去年一年一共给国家交了约20万税款，人均交了2万5。

我说你这么多年，真的就没有积攒一点财富吗？他说他有一些库存，这些库存算是他的财富吧，但他没有现金。

我问他，这两年有没有对你有利的变化呢？他说，得承认有。我问是什么，他说最大的有利变化是2017年下半年以后，他作为小微企业有了一年可以从银行贷款100

万元的额度。过去他要从银行贷款，要拿房子做抵押，而且很难贷出来，利息接近 7%。现在这 100 万额度不需要任何抵押，随时可以用，在额度内想贷多少贷多少，贷几天付几天的利息，利息降到了不到 5%，这解决了他流动资金不足的大问题。第二点是来自政府各部门的麻烦基本没有了。过去三天两头有不同的部门找麻烦，很难对付。如今情况完全变了，没有上门找麻烦的了，找政府办事，官方的态度很好，效率也挺高的。这方面的经营环境应当说有了很大的改观。

我问他，你还有什么不满意，再想一想。他又想了一会儿说，银行的服务费一笔又一笔的，一年加起来也有好几千，甚至可能上万，让他很心疼。

我又问，与你打交道的都是工厂企业，你觉得它们的经营情况大体如何呢？他说具体不清楚，但感觉好像还可以。我问这种感觉从何而来？他说客户从他们这里拿货，付款的速度比过去快了。过去他的公司应收账款比较多，2018 年这方面的情况是好转的。卖货回款快，这对他很重要。他说如果那些企业都没钱，他这种小公司是最容易被拖欠付款的。

我问，你觉得你的公司能存活下去吗？他说觉得能，他还挺有信心的。我问信心来自于哪？他说他卖的材料是所有企业永远需要的，虽然他跟不上互联网带来的各种新业态，但他凭老关系，再扩展一些新客户，就能够维持公司的运营。即使不赚钱，但公司倒不了。他已经干了19年，经历过许多变化，他觉得以后也应该没问题。

我追问，如果你过去对存活下来的信心是70分，那么你今天的信心是多少分呢？他想了一下说：我今天有75分。我问增加的那5分是什么呢？他说觉得现在的经营环境比过去规范了，国家对小微企业的政策在好转，虽然利润薄了，但是不确定性也少了。

我再问，你的企业这么小，你觉得你活得下去活不下去，对社会重要吗？他说，我觉得还挺重要的。我问重要在哪，他说我的企业虽小，但养活了包括我和我弟弟在内的8个人，我们的背后是8个家庭。我们的工资现在都属于低收入了，但我们都能有碗粥喝，不用让国家解决我们的工作和生计，我们知道自己没本事，对自己还能有粥喝挺满足的，国家也多了一份安定。

他给我印象最深、反复说了两遍的一句话是：如果有一天我这样的小微企业都垮了，中国就该乱了。

张小平引发的国企用人之争

西安航天动力研究所张小平离职事件引起轩然大波，

牵动了人们对国企用人机制以及人才流动的广泛争论。我们认为，这是一起个人正当利益与机构法定权益、市场化用人机制与国企用人现实条件发生冲突的典型案例。

最初那篇题为《离职能直接影响中国登月的人才，只配待在国企底层?》的公号文章，称张小平在单位完全不受重视，年薪只有 12 万，看来有些夸大之词。西安航天动力研究所随后披露的信息至少给人们提供了了解此事的另一个角度。但不管怎么说，如果张小平在民营空间技术公司得到一个年薪一百万的职位，他为此心动是正常的，他也有权利作出跳槽的选择。

另一方面，研究所要求张小平履行脱密义务，这同样于理于法也都有正当性。看来，互联网舆论场在第一时间将张小平与研究所之间的纠纷简单化了。

由于很多人觉得人才在国企里比在民企更容易被埋没，也更容易被官僚主义机制平庸化，难以实现个人价值和追求，这样的一种普遍性不满是张小平事件一下子燃爆的主要原因。大家虽然不了解事件的细节，但都觉得这件事"很像是真的"，因为它对应了大家对国企的印象和想象。

客观说，对于激励并且留住张小平这样的人才，西安航天动力研究所的作为空间总体上是有限的。张小平挣多少钱，该研究所只能在一定范围内调动，不可能做突破性安排。航天是人才密集型领域，那里有大量优秀专家和工程师，他们的收入都不高，与他们的贡献不成比例。他们坚守在自己的位置上，有职业的信念和责任感，也有面对不公平时的无奈。

通过张小平事件，全社会最该反思的大概是国家对整个国企的用人机制安排。国企里优秀的人才应该能得到在人才市场上有竞争力的薪水，他们的上升通道不应被官本位带偏或者堵塞，他们还应当得到在这个社会上对应着实际价值的荣誉感。

国企承担着巨大的社会责任，国企里对普通员工和退休人员是最人道的。国企在维护社会公平方面所发挥的作用，是民营企业比不了的。国企分担了一部分政府的义务，它们通常要有在效率与公平之间保持平衡的考量，而民企则能把主要精力放在效率上。

其实公众对国企的要求也是多方面的，大家既希望国企有同民企一样的竞争力，同时舆论对国企内部的公平以及国企员工收入与全社会之间收入的公平，都有很强烈的要求。加上国家的一些硬性规定，现实情况下，国企是很难将更多资源用来突出关照少数优秀人才的，社会舆论应当至少了解对国企的这些难处，在国企人才外流的问题上，保持一种更加公允的态度。

无论如何，人才流动都是正常的，而且国企的用人劣势问题应当由国家来思考和调整，不能要求个人来承担。虽然我们应当鼓励在航天机构等涉及国家重大利益国企里的担纲人才们表现出奉献精神，而且在很多那样的机构里，那样的精神的确在一定程度上不断传承。然而在市场经济条件下，这已不能作为强制性要求。

作为人才市场的底线性规则，人才流动必须是自由的，与此同时，它也应该是规范化的。在这个底线之上，国家和社会也应当推崇职业精神和从业道德，从社会创造条件让所有个体人尽其才，以及从工作者应有的责任感两个方向推动职场的积极向上，而不应只重其一。

互联网里的自由与不自由

第四届世界互联网大会 2017 年 12 月 3 日在浙江乌镇开幕，大会的主题是"发展数字经济，促进开放共享——携手共建网络空间命运共同体"。

但是一些西方主流媒体继续宣扬他们的偏见，对中国主张尊重网络主权的含义进行歪曲。它们揪着在中国登录不了美国一些大网站说事，用西方搞的排名指责中国是"互联网自由度世界垫底的国家"，以此来证明中国开放互联网"是假的"。

众所周知，随着互联网的全面发展，网络越来越渗透到社会生活的方方面面，它与现实世界各种重大关系的对应也愈发明显。中国最近几十年成为当今世界开放度最高的国家之一，同时中国又是强调主权并在意识形态领域管理较为严格的国家。在这两方面的结合上中国走出了一条成功之路，在互联网领域，这方面的探索实践正在进行之中。

美国和部分西方国家的舆论人士反对互联网上的主权概念，这是要把美国和部分西方国家的权利伪装泛化成全世界的"共同利益"，通过互联网把政治上的多极世界彻底搞成以西方为中心的单极世界。他们或者有意或者无意忽略了互联网事务的复杂性，用"自由"等最简单的口号误导公众，因为从群体心理学的角度看这很容易奏效。

中国的互联网经济发展迅猛，不仅已有成就举世瞩目，而且未来的发展前景被广泛看好。如果说中国互联网真的"很封闭"，其自由度在全世界"倒数第一"，这些成就的取得和今后的广阔前景都是不可思议的。

中国有选择本国政治制度和摸索相关体系及模式的权利，西方思想界和舆论界必须过理解此理的这一关。政治制度是每个国家形成一整套运行系统的基础。不接受中国在政治制度上与西方的差异，就会接下来看中国的什么都是歪的，即使中国做得很成功，也会被看成是"奇怪现象"。

互联网舆论场的影响力越大，中国政府对它的管理就越会参照传统舆论场的政治安全标准。但是与此同时，互联网信息技术不断突飞猛进，整体上促进了网上舆论场的动态开放和活跃，互动技术的广泛使用前所未有地扩大了公众对公共事务的参与权和监督权。

这些变化总的来看成为了中国社会治理的正面变量和推动力，它们带来了一系列与时俱进的调整和适应。那些不断出台的调整给人一个总体印象：中国在寻找充分利用网络技术引擎和维护社会舆论秩序之间的契合点，力求互联网时代综合效益的最大化。

坚定网络开放的原则和守住网络主权的底线，这两方面的需求对很多国家来说如此真实，在全球层面上协调好这两种需求，这大概是构建互联网人类命运共同体最为关键的命题。

由于中西方之间仍存在制度差异和意识形态纷争，立刻在上述核心问题上达成共识恐怕挺难的。那么就需尽量让现有合作保持下去，对开展新合作大家都持开放态度，不断磨合各方的原则。最忌讳的是给这个复杂领域贴简单标签，将各种现实的难度通通折算到中西方政治对立的同一把尺子上。

实名认证，不代表"舆论要收紧"

互联网的实名认证管理，也就是所谓"后台实名、前台自愿"原则，已经在部分网上活跃人士的反对声中推行好几年了。最近互联网跟帖评论也要求用户后台实名认证，又引起新一波议论。境外媒体参与了对这一新规的指责，批评的主调是，后台实名认证打击网上言论自由。

互联网上当然管理越少越自由，但是零管理的互联网哪个国家都受不了。事实上，后台实名认证已在越来越多的国家推行开来，它在中国的接受度也可以说越来越高。如今互联网已渗透到人们生活的方方面面，不实名认证，在互联网上基本寸步难行。

至于网上表达意见，它是互联网应用很小的一部分，对绝大多数人来说，以后台实名认证的方式发言，并不构成什么心理障碍。可能有些人会觉得麻烦一些，但不会觉得这对自己有什么危险。

后台实名认证会一定程度削弱网上发言的活跃度，但减少的那部分发言通常是"沉默大多数"临时性、即兴的参与，那些人会懒于为了一次发言而在网上完成一次注册。而那些积极投身网上"舆论斗争"的"专业户们"，则不太可能受此影响。

网上最有影响的大 V 们，都是实名认证的，即使他们在前台注册了别的网名，他们是谁大家也都知道。对他们来说，实名是他们获得影响力的基础性条件。

也就是说，从网上舆论的引领者到最普通的参与者们，实名认证在绝大多数情况下都不构成能迫使他们放弃参与的心理压力。后台实名认证作为一种普遍性管理原则，是互联网文化最重要的基础建设之一，它在理论上是顺理成章的，在现实中也很快被习惯。

真正感觉受到限制的，是一些很极端的网上发言者。比如有极少数人想要通过互联网散布谣言，制造事端，而不用负任何责任，他们如今这样干时感到了不安全。还有一些境外人士，他们冒充大陆发言者，如今这样干也不方便了。网上跟帖也纳入后台实名认证管理后，这部分人的发言空间会进一步被压缩。

电话卡过去不经实名认证也可以购得，都转为实名认证后，对绝大多数人毫无影响，但一些想用电话搞"偷偷摸摸活动"的特殊需求者，就会感到不方便。**网络实名认证压缩的那部分舆论空间也大多是"偷偷摸摸活动"的那一块。**

当然了，网络后台实名认证一开始推行时，往往被简单说成是"实名认证"，在社会上产生了"舆论要收紧"的泛泛印象。客观说，网上舆论管理比舆论场刚形成时的确有所加强，但这种加强与整个国家推进依法治理是一脉相承的，它的实际效果要由今后更长一段时间中国互联网事业的发展和全社会综合发展的情况来验证，不能以西方的做法为标准现在就下判断。

中国需要有序的互联网，包括有序的互联网舆论场，不这样的话，互联网就可能成为中国社会的一个乱源，它自身也无法正常发展。另一方面，互联网必须繁荣，而以自由为基础的活跃和人气，是繁荣的前提。那么何为网上自由，这是需要不断摸索、矫正的。

一个混乱无序的互联网和一个死气沉沉的互联网，都不符合中国社会的长远利益。网上舆论场需要与现实生活一样的法治精神的确立，而不能是反宪法言论的肆意宣扬之地。与此同时，互联网需要充足的表达空间，那里的"自媒体逻辑"应当受到保护，互联网新技术推动形成的那些舆论规律也应受到尊重。

把互联网"管死"大概是个伪命题，因为在技术日新月异的时代，这绝对不可能做到。因此它既不应是官方的追求，也不必成为舆论的普遍担心。中国互联网的发展与管理总的来看会是一个中国全社会利益最大化的互动过程。

网络时代对形式主义尤其要提防

党的十九大以后，全国上下形成了学习十九大报告、落实十九大方针政策的高潮。各地不仅全面动员了起来，而且各级政府及很多组织、机构创新形式，把宣传十九大精神搞得充满新意，产生了良好效果。本次十九大宣传应该说是历届党代会之后开展得最迅速全面、效果也最突出的一次。

由于宣传、落实十九大精神是全党、全社会的事情，参与者非常广泛，而具体执行者的水平又不是一致的，在全国范围内强调这项工作的高质量至关重要。要防止个别地方搞形式主义，尤其要防止极个别地方很明显的形式主义被当成正面经验加以宣传，传播到互联网上，引起公众的负面感受，不仅无助于正面宣传，反而帮倒忙。

实事求是说，正面宣传，尤其是把十九大精神宣传好，并非一项容易的工作。宣传的最基础工作是传达，新闻媒体报道和开会都是传达的形式，但是要帮助群众透彻理解十九大报告，帮助学习者入脑入心，就需付出更多努力。

在这当中，如果有人搞形式主义，尤其是搞出形式主义新的花样，并且当成工作成绩拿到舆论场上传播，公众会很敏感，其所招致的评价很可能是负面的，这客观上对全国上下学习落实十九大精神的正面氛围是一种干扰。

比如近日有个别单位组织工作人员进入地铁车厢，用快板书的形式宣传十九大，媒体做出正面报道。但是视频上传到互联网上后，引起的观感是不好的。去年有过"新婚之夜抄党章"的报道，宣传效果则是负的。

相关机构和单位在发起或报道这些事时，初衷大概都是好的。即使有人知道自己在搞"形式主义"，可能也觉得"形式主义"未必都有害，以为至少可以为烘托社会的正面氛围增添一个鼓点。

然而，互联网时代很大程度上重塑了舆论传播的环境和规律，一个高度疑似形式主义的表现，即使在现实生活中可以"过得去"，但在互联网的新语境下容易变得滑稽。互联网上的标准会更加严格，对形式主义的容忍度更低。网上的具体意见一旦形成，经常会造成很广的传播，干扰人们认识全局。

这种情况大都是非故意造成的，但是也有一些时候，执行者如果加以斟酌，就不难预见形式主义的负面效果，但是他们放弃了把工作做好的责任感，任凭事情走向令人遗憾的局面。

当然了，由于网络传播的复杂性，有些负面反应是让基层工作者始料不及的。但是当事者是否搞了形式主义，是否为实现好的效果做了努力是不难区分的。

对党忠诚是党员干部做好各项工作的基础。忠诚有各种表现，但是检验忠诚的首要标准之一应当是做事的效果。比学习、宣传的质量，通过所在单位或辖区公众的政治觉悟水平和工作干劲的提高来验证宣传落实十九大精神的成果，这尤其应当倡导。

我们高兴地看到，随着各级党和政府的工作作风日新，整个体制的工作越来越细致，追求实效，对网络时代特殊规律的认识也在不断加深。同前些年相比，如今有了一个难得的风清气正的工作局面。与此同时，网络总能放大具体问题，造成热点频频，网络的这个属性很难根治。这就要求高度责任感的到位必须是无死角的，所有党员干部都应坚决跟上体制的前进步伐。

宣扬低俗还能赚钱？

互联网低俗搞笑应用平台"内涵段子"被永久关停，成为这一轮互联网治理引起关注最多的焦点。网上传，有少数该应用的忠实"段手"聚集表达不满，朋友圈中也能看到一些反对关停"内涵段子"的帖子。更有甚者，西方主流媒体纷纷发文，指责中国政府对"内涵段子"这种娱乐搞笑平台实施"政治打压"。

需要指出的是，中国不可能把网络治理对准"低俗"本身，因为人性中会有一部分就是指向"低俗"的，因此"低俗"的东西在这个世界上"野火烧不尽"。

其实一个人身上有正能量，也有热衷低俗的密码，一个社会也是这样。任何社会组织起来的意义之一就是弘扬正能量，对低俗的东西加以管理，不让后者肆意发酵，形成对正能量及主流价值的严重冲击和挑战。

在前互联网社会，这种分寸是不难把握的，就像一个城市有歌剧院和话剧院，有体育场馆，以及各种健康的文娱场所，同时也会有一些不那么健康的角落。城市的生态围绕弘扬主流价值观的基轴保持着平衡。

然而互联网时代出现了一些颠覆上述秩序的苗头。**尤其是中国这样的超大社会，上网人数成为绝对的世界之最，像内涵段子这样的应用平台很容易就把人们的低俗情结以过去不可想象的方式聚集在一起，汇聚成一股力量，把低俗作为文化旗帜高举了起来。这是前互联网时代完全没有的格局，它影响了中国网络的价值取向，形成了文化挑战。**

其实如果没有政策和法规限制，技术上又可行，帮助人们宣泄低俗情结的商业计划是比较容易成功的。如果别人出于道德约束不那样干，少数人无底线地那样做就更容易成功。比如中国没有赌场，如果谁有本事办出一个大赌场，肯定会大赚。如果有谁公开办个黄色网站，也一定能爆棚。上述是些极端情况。

"内涵段子"是通过技术手段打了个擦边球，它帮助人们恶俗搞笑，公开要把低俗变成一种社会共鸣，从广度和深度上都有做低俗领域老大的趋势，把它玩到极致。随着它的粉丝越来越多，它相对容易地成为了中国互联网上一个颇具影响力的山头。

这既是道德层面的误导，也是商业层面非常负面的示范。其他有道德底线的公司很不容易地经营着，而"内涵段子"却像狼和羊竞赛一样，迅速成为"草原之王"。一个社会无论为了道德治理还是维护商业公平，都不应允许"内涵段子"不断做大下去。

中国政府近来对以"你喜欢什么就给你提供什么"科技算法为基础的信息平台进行内容治理，是有道理的。如果西媒觉得不该治理，可以把那种算法引到西方社会去，看看不加任何治理的最终结果会是什么。恐怕到时候不光低俗，向恋童癖提供鼓励他们变态的各种文字图片，帮助有恐怖主义情结的人获得他们想要的全套信息，都会上演。

回过头来说低俗，当然了，它不可能从我们的生活中抹去，对很多人来说，"低俗"也是一种离不开的寄托。然而公共信息平台该如何处理低俗内容，需要带着巨大的责任感来把握。该怎么做的边界的确有些模糊，但信息平台的价值取向却应当是正面而清晰的。肆无忌惮的宣扬低俗，通过这样做敛财，这在我们的社会肯定走不通。关停"内涵段子"实际发出的是这样的信号。

以促进社会整体利益的方式处理好低俗信息，摆对它们的位置，这对通俗的信息平台来说非常重要。越是在涉低俗信息的领域从事经营活动，越不能眼里只盯着钱，这应是所有相关信息提供者的座右铭。

2018 年 3 月 7 日 14:42@ 胡锡进微博:"一个美国老记者,他叫杜德,在南斯拉夫认识的,他当时是我现在这岁数,我 30 几。他有一次对我说,中国不同地区的历史记忆太复杂了,共产党是中国的政治凝聚力量,意思是,有共产党在,今天的中国才会是一个整体。我那次好像第一次真正理解了'凝聚力'这个词。年轻时的那些事,给我留下难以磨灭的印象。一些人骂我叼飞盘,其实我就是想通过环球时报的工作,为沟通政府与民众尽一份绵薄之力。我觉得,在互联网时代,这种沟通出了些问题。互联网是好东西,改变了我们的生活方式,提供了无数可能性。同时社交媒体也为制造舆论幻象提供了机会。少数和部分人可以通过互联网营造虚拟的'大众舆论',引导人们的看法和判断,形成政治压力。在西方一些国家,这个问题已经酿成政治上的大洗牌,使未来有了很大不确定性。西方对承受这种变化已经感到很吃力,中国则预判了这个问题的破坏性。我感觉,舆论场的问题是中国必须要跨过去的。让它有促进国家团结和凝聚力的正能量,同时又尽量有让人们畅所欲言的宽松,究竟该怎么做,大概是中国特色社会主义最重要的探索之一。必须说,这是很难的一项社会工程,大家不妨耐心些。我是对未来保持乐观的,经历了中国那么多的变化,乐观本身成了我的信仰。"

279

留学与"告密"

还要去美国留学吗？

国内一些自媒体近日再次关注美国麻省理工学院今年 EA 轮次录取的 707 位新生中，没有一名来自中国内地的高中生。另外斯坦福大学去年底公布的面试计划针对了 50 多个国家和地区，但将中国内地排除在外。尽管上述录取和面试都只涉及这两所大学录取新生的部分渠道，但对中国内地学生"零录取"的说法在互联网上不胫而走。

上述情况在多大程度上受到美国限制中国留学生赴美政策的影响，不太好说，但这种联系显然是存在的。美国名校减少对中国内地学生的录取，无疑受了美国国家政策取向的影响，中国学生去美国名校热门的理工科就读尤其会变得困难。

这对想赴美留学的中国学生来说应该是不小的个人遗憾，对国家来说，负面影响多少也会有。自改革开放以来，中国政府和社会一直对学生出国留学、当然包括赴美留学持积极态度，相信今天没有中国哪个部门或者群体愿意看到出现这样的局面。

我们需要冷静面对中美关系变局对赴美留学产生的上述影响，要看到，首先这是中方很难加以改变的，这是美方出于对华错误认识而采取的一项"战略性调整"，中方交涉能够产生的作用有限。另外无论学生个人还是国家，都应以积极的姿态应对这一变化，尽可能减少这种变故所产生的消极影响。

很多中国青年学生愿意选择去美国留学，这很正常。除了美国有世界最多的优秀大学之外，在美学习还容易接触到各种最新的事物。不过这是从大概率角度得出的分析，从每个人具体人生设计的角度看时，每一条留学之路都有它们各自的长处和机会，人生不是只有去美国名校留学这一条与成功之间的通道。

所以优秀的内地学子要对去美国名校遇到困难这件事释怀，及时重新做求学规划，相信"条条大路通罗马"这个流传了千百年的道理。

对国家来说，回旋余地就更大了。**中国早已不是 100 多年前挑选幼童去美国留学的那个时候了，也不是改革开**

放初期中外教育水平差距极为悬殊的时候了。这些年大批中国学生赴美学习，逐渐从对国家充分有利变成了利弊参半的局面。

利大家都知道，说到弊端也真有不少。比如中国名校理工科的尖子生大量被美国名校招走，而且他们学成后回国工作的比例不算高，客观造成了中国人才的流失和教育投入的部分损失。

中国目前在美国有几十万留学生，他们绝大部分都是自费赴美留学，美国对中国留学生态度改变会增加他们顺利在美完成学业的风险，因而总体上会削弱中国学生赴美留学的热情。长期来看，这是社会教育资金在中美大学之间分布的一次调整，对中国大学有利，对美国大学则是不利的。

中国大学应当抓住机会，增加招生，把一部分不必要的外流留学资金吸引回来。虽然说大学的兴衰与大师的多少有很大关系，但是资金是否雄厚是大学各项事业开展、包括吸引优秀教师的基础。

每个人都有选择权，抛开这个问题不说，如今中国内地这么大的赴美留学量，肯定有一部分对国家来说是浪费的。美国一些大学以次充好，里面中国留学生扎堆，并不利于学生的成长，这已经不是什么秘密。

美国挡中国留学生，肯定会产生对美国高教发展的负面影响，而且总体上对中国还是对美国的负面影响大，还真的很难说。我们认为，中国社会完全没有必要为此而过于担心，更不必焦虑。

我们不妨顺其自然，只要中国学生的质量好，他们的家庭又有供他们深造的资金，总体上说这些学生就不愁找不到学习的地方，而且他们总体上也会是"买方市场"，而不是大学的"卖方市场"。

美国的大学还真不应该太傲慢了。离开了中国这个蓬勃发展的大市场，离开了中国留学生，那些大学都将有一分缺憾。

"混学历"不是中国特色

演员翟天临因在一访谈节目中问了一句"知网是什么"而引起网友对其学术功底薄弱的质疑，进而被挖出论文抄袭、违规获得学历等，其有着博士后光环的人设就此坍塌。网上的曝光范围还进一步扩大到他在北京电影学院的导师和表演学院的领导，激发了更多的不满。

这件事再次反映出公众对公平的强烈追求，以及互联网舆论监督的活跃。互联网时代的公平已经不是一个空喊的口号，它正在武装起越来越多的工具，并且受到无数志愿者的行动支持。翟天临以他做梦都没有想到的方式被逮住了，转瞬间从一个令人羡慕的"高学历演员"变成名声扫地的造假者，栽了个大跟头。

互联网已经是无处不在、随时都有可能抓一个坏典型出来示众的"天网"，我们对此举双手赞成。互联网虽然解决不了所有问题，但它的确产生了一定震慑作用，比如翟天临事件一定会让各种学历造假者心里咯噔一下，亦会让今后的造假者感受到更多的风险。

这件事的确引起了更多思考，比如翟天临有问题的硕士、博士学历为什么通过得那么顺利呢，他为何又能轻易进入北大光华管理学院攻读博士后呢？这当中一定有多个环节的管理睁一只眼闭一只眼，形同虚设。

学历掺水在中国并非个例，我们不能把这个问题做中国大学的学历都很水的夸大，也不能将这种现象轻描淡写。事实上，翟天临这个"博士"之前就没有人觉得像中国高科技前沿工程师和各大研究机构里年轻学子们的博士学历一样货真价实，从一开始人们就猜到他的学历有"混出来"的成分。

值得一提的是，这还不仅仅是中国的问题，"混学历"在很多国家都有一些专门的缝隙，它们与各大学"创收"有关。说实话，现在中国各用人单位遇到普通归国留学生求职时，怕碰到掺水学历的警惕性比面对国内大学毕业生时往往高多了。中国大学"计划外招生"的名额往往有限，而外国有些大学则对花钱的学生来者不拒。

借翟天临这件事，我们主张所有大学和科研机构今后招学生需要进一步规范化，对学生上课的纪律要求和论文管理则需更加严格，尽量减少"混学历"的情况，以及降低计划外学生"混学历"的程度。

高学历是干什么用的？它们应当用来培养真正的高端教学和科研人员，而不是充门面、当求职敲门砖用的。一般的实践工作，硕士学历应当说足够了，翟天临这样的演员，更是没有必要用博士、甚至博士后的头衔来为自己加光环。

希望"翟天临事件"会对中国社会高学历崇拜的纠偏产生一些影响，另外也有助于推动社会对高学历文凭生产过程的一些松懈环节进行清理。

最后我们想说，"翟天临事件"暴露了严重问题，但是不能因此而得出中国的学历管理已经一团糟的结论。客观说，中国的文凭管理是全世界最严格的之一，其实从科举时代开始就如此，今天依然是。高等教育是中国阶层流动的重要通道，这点没有变。寒门学子们无需因此事沮丧，这是个练真本事的时代，各种用知识砌成的光辉的塔尖都要凭实力一步步走上去，靠混是绝对混不上去的。

大学生"告密"老师在课堂上的
不当讲课内容，对吗？

有网友建议我就大学生"告密"老师在课堂上的不当讲课内容说几句话，看看我是什么态度。

第一，我认为课堂是公共领域，老师在课堂的授课内容应该是经得起拿到更大范围去审视的。老师不该有要求学生为他所说的话进行"保密"的心态，他说的话应该不怕见光。当然，课堂的范围小一些，一些话可以说得更直率，与大庭广众乃至上电视会有分寸上的差异，但课堂不能成为政治和伦理上的"隐秘讲习所"，老师应当是坦坦荡荡的，不惧怕任何学生的"告密"。

第二，学生对老师的授课内容持反对意见，有权利以任何方式表达出来。老胡鼓励学生当场提出异议，或者在授课结束后向老师当面探讨。在老师拒绝探讨的情况下，学生有权利向校方投诉，这样的投诉我不认为属于"告密"。即使在西方，如果教师在课堂上说了对根本价值观有冲击的内容，比如有老师在课堂上表达对纳粹的好感、对妇女平权的不屑、看不起有色人种等等，也很可能遭到投诉，校方会进行调查。

第三，最重要的是学校的态度。老师正常的学术发挥，应当有广阔的空间。有学生不满并且投诉时，校方应当与老师做沟通，帮着老师与学生相互理解，促进课堂的活跃与和谐。如果老师的授课确实存在问题，应当予以指出，帮其改进。我相信，高校里学生对老师的投诉情况，都以类似的沟通形式得到了化解。

第四，近来高校极个别的教师受到了停课等处理，他们的情况都是很特殊的。他们在社会上的公开发言就很激进、极端，可以想见他们在讲台上授课会是什么样子。他们受到处分不太可能仅仅是有学生"告密"而导致的。

第五，我支持不应鼓励"告密"的道德呼吁。在生活中出于自私目的而"告密"的人一直受到鄙视，而且实际上他们极少有能够因此而获利的，他们绝大多数都是生活和工作的失败者。

第六，"告密"与客观反映情况在形式上有类似，比如都是匿名举报信，有些是正义的，但也有不少是自私的泄愤，甚至有的是恶意造谣中伤。很少有干部没有遭到过匿名举报，他们有些被告倒了，但有很多能够证明自己的清白。无论在什么地方，现在都更鼓励实名举报。

第七，回来说大学，就像我前面谈到的，学生有不满最好与老师当面探讨，但用"告密"来定义所有学生向校方反映对老师的不满，是不合适的。具体的情况应当具体分析。近来"告密"一词在网上走热，针对的基本都是极个别自由派教师受到处分的情况，这个词在当下有政治抹黑高校管理的特殊含义。举个例子，如果有人写匿名信把老胡告倒了，那些人大概就会鼓掌，而不说那叫"告密"了。

第八，我觉得大学应当保持思想的活跃，对学术上的各种见解尽量给予宽容，同时大学又必须是培养爱国知识分子和帮助全社会构建正能量的地方。自由派的知识分子如何在大学里找准自己的位置，贡献建设性，是值得认真探讨的。在这方面他们切忌任性，随意宣称西方大学里可以如何如何，实际上西方大学有它们自己严厉的政治要求。大家设想一下，如果老胡带着自己的政治立场去西方一所大学讲授政治学，那里能允许吗？我希望中国的自由派知识分子在大方向上不糊涂，他们应实事求是，把遵守国家的法规法律和社会的公序良俗作为底线。如果他们愿意为民族的伟大复兴多做一些主动性努力，并为此贡献自己的才华，那就更好了。

不刻板的"主旋律"

2017 年 8 月 7 日晚上,《战狼 2》突破了国产电影票房纪录的 33.92 亿元,看样子很快将突破 40 亿元。它成了一大现象,强烈触动了舆论。

《战狼 2》用相当典型的好莱坞叙事方式,讲述了一个匡扶正义的中国孤胆英雄。由于片中颂扬了解放军,对五星红旗、中国护照都表达了敬意,它让人们重新认识了"主旋律",也为电影中的爱国主义正了名。在此之前,以爱国主义作为突出标志的国产电影极少有获得卓越票房成绩的。

世界各国最成功的电影几乎都是主旋律的,怪里怪气、宣扬非主流价值观的,只能是小众的。比如好莱坞最成功的电影大多讲述了美国的英雄故事。中国观众一直在心底深处企盼看到我们自己的银幕英雄,他们能够战胜逆境和苦难,为行道义顶天立地,为尽责任赴汤蹈火。这些年中国电影多是发牢骚、惺惺相惜或者小清新的，它们能在部分观众中产生共鸣，但无法为大众解渴。

吴京的《战狼2》像朝着人们共同的渴望扔了个火星子，一下子点燃了全中国的影迷。

这是一个中国老兵，充满正义感，他为寻找在非洲杀害其女友的仇人深入到动荡的异域，与恶势力殊死搏斗，为营救被困的中国人九死一生。他是个吓不倒的男人、击不垮的英雄，不仅充满力量，而且很有智慧。中国海军帮助了他，中国国旗在最后关头护佑了他。可以说，这是中国人在银幕上被好莱坞制造的英雄压了多年之后的翻身仗。

在博大且多灾多难的中国，社会意识形态可以丰富如五颜六色的果汁，但英雄主义永远是浇灌生命的那杯水。认为屌丝主义可以成为这个社会互联网时代的主旋律，是一种误解。英雄主义与屌丝主义并不矛盾，即使在"蚁族"之间，也有着对英雄主义默默的敬意和渴望。

《战狼2》的巨大成功是对社会情绪的一次告密，让人们发现了常被刷了互联网牢骚墙纸下面的真实颜色。中国社会并非像网上一些论坛展示的那样消极、甚至颓废，它有很多积极的元素和能量蕴藏着，等待被开发和点燃。

中国社会进入现代化不久，客观说还有些粗糙，正能量的标记也不太一致。然而一个大步前进的社会一定是乐观向上的，它会有一些因规则不清的日常内耗，但这些决不会有致命性质，社会越来越健康的大趋势不可阻挡。

五千年的文明史决定了中国有爱国主义深厚传统，爱国主义自近代以来长时间凄凉悲壮，然而随着国家高速发展并变得愈发强大，爱国主义一定会越来越充满暖色，从喷发愤怒转为释放真正的骄傲与自豪。《战狼2》及时契合了中国人集体心理的这种转折。

《战狼2》刷新票房纪录让很多中国人为之高兴，觉得它的成功与中国的成功以及社会心理的健康存在某种联系。这样的津津乐道似乎成了《战狼2》现象的一部分。当然，这也让一部分人不高兴，他们一直是主流爱国主义的反对派，这两天他们以"爱国主义是门好生意"嘲讽《战狼2》和它的导演吴京，刷自己的存在感。

有这样的不同声音应当说是社会的寻常一幕，但这种声音不可能主导中国社会，准确说，嘲讽爱国主义在哪个国家都不会获得大众的喝彩。

《战狼2》证明了中国社会的正常。男人应当有男人的样子，爱国主义应当远大于"恨国主义"，"爱中国主义"在这块土地上应当远远压倒"爱美国主义"。仍在继续增加的《战狼2》票房在一遍遍重申这样的结论。

主旋律体现的本就是社会主流价值观，这种题材理应不缺市场。**但是很多主旋律作品立项时就已经有了与市场**

不相协调的动因，执行过程又不断加入有关行政体系的短线功利，致使非市场因素最后完全主导了影片拍摄，"社会效益"被以脱离"社会"的方式生硬谋求。当这种情况越来越多时，便形成一种不实事求是的、奇怪的循环。

其实世界各国的成功电影都要尽量靠近主流价值观，好莱坞的电影往往"很美国"，中国的多数成功电影也应当是"很中国"的。

主流价值观不一定都接轨到国家层面和社会层面，它们在个人层面也有大量渗透，所以说主旋律的实际空间非常庞大，可以无限延展。主旋律未必都是主管部门规范出来的，很多时候它还是成功作品树立、示范出来的。一部片子一旦获得强大的正面效果，传播了正能量，就会丰富人们对主旋律的认识，激发后来者加入主旋律创作的兴趣。

管理部门应当给创作者更大空间，这一点被反复呼吁。同时也要看到，中国电影市场需要一批很认真、百折不回的主旋律电影探索者。不要以为发牢骚是吸引观众的法宝，在每一个社会里，真正最有市场的都是正能量。重要的是要捕捉到正能量最动人的那些踪迹，围绕它们创造新的表现力。

主旋律、正能量说到底都来源于生活本身，它们共同组成了社会和平繁荣以及公平正义的生命线。它们是给公众带来安全感和亲切感的那些东西，也与普罗大众最为接近。它不应仅仅存在于自上向下的传达链条上，而应存在于各种不断的发现中。它们应当千变万化，却又总能让人感到那么熟悉。

中国社会最需要什么，主旋律和正能量就应该出现在哪里。拍这样的电影作品会自然饱含市场针对性，也是最不刻板的。认为主旋律电影应当是"命题作文"，只要投资的部门满意，有多少人看根本不重要，这应被视为是对主旋律的误解和戕害。

让主旋律"主"起来，让正能量"能"起来，这才是它们的真实意义和价值。否则的话它们只能算是"小众电影"，是不及格的教育片。

管理"松了"就一定出好作品吗？

反腐电视剧《人民的名义》获得高收视率，并引来广泛赞誉。因为它是这一题材电视剧时隔多年首返荧屏，尤其聚拢了大量议论。

在这部电视剧里，腐败官员高至副国级，这对过去的反腐剧和反腐小说几乎是不可思议的。《人民的名义》编剧周梅森透露，他这样写没有遇到外部障碍，反而受到鼓励。这部反腐剧得以拍摄完成并与观众见面，显然借助了国家现实反腐败事业的强劲东风。

看了电视剧的人大多点了赞，认为它真实，有故事，情节跌宕，吸引人。也就是说这不是一部说教剧，而是很成功的艺术作品，它做了政治题材上的突破，同时在艺术上也有高度。

中国影视作品的题材范围比较狭小，因此催生出大量"抗日神剧"，对此大家都有些意见。关于"禁区太多"的原因，一些创作者抱怨管理部门"卡得太严了"。久而久之，很多创作者干脆不碰敏感题材了，投资者也怕拍出来播不出去，索性不投了，从而形成了消极的"自我审查"怪圈。

《人民的名义》这两个例子证明了影视创作还是有空间的，但那些空间需要勇敢者去探索，去撑出来，也需要借助智慧去撬动。现行管理体制决非"密不透风"，有洞见的思想和繁荣影视创作的热情是这个社会欢迎的，也往往是管理者乐见的，因此它们一定能够找到属于自己的机会。

中国的影视创作早晚要问鼎世界最高水平，这是时代的呼唤。没有影视创作繁荣的中国崛起是无法想象的。而目前中国影视的敏感区域相对比较多又是现实，逐渐化解那些敏感区域应是必由之路，相信这既是影视市场的需求，也是体制的愿望。

当一种临时的敏感被固化为"长期禁区"时，它很可能并非"政策"的原意，很多误解、惰性的相互叠加最终导致了"谁都不碰"局面的出现。我们需要打破这种局面的动力。

这种动力的决定性要素大概有两个，一是立场，二是智慧。《人民的名义》之所以成功，首先是创作者对这个社会一目了然的政治善意。作品不是为了否定这个时代，不是要"黑"我们的国家，它们展示和揭露问题，都是为了让这个国家变得更好，作品最终传递出来的不是沮丧和仇恨，而是正义和希望，是创作者的诚恳。

有人怀疑，这种作品能够问世，是因为作者幸运地拿到了"尚方宝剑"。而《人民的名义》导演李路明确表示他们没有。成功的突破都要得益于操作的准确，要能与国家的政治脉搏协调共振，同时能把握"度"的分寸，充分调动支持突破的体制性力量。

《人民的名义》这种突破是影视创作全链条、包括监管部门的共同成就。这样的互动会培育出一些积极性和责任感，这样的突破再多几个，整个行业的信心就有可能焕然一新，创造新局面的热情或许会争相喷涌。

相关体制是重要元素，但把所有问题都归于体制，这个逻辑同样会有问题。苏联时期出过很有影响的文学艺术和电影作品，到了俄罗斯时期，管理上"松多了"，但俄罗斯出了什么好作品吗？还有，伊朗管得很严，但伊朗的影视作品屡屡获得世界级大奖。

尽量拓宽影视创作的题材，并且让这一切在中国国家道路的框架下不断丰满起来，形成文艺创作与政治正确的良性循环，这是中国社会必须认真补上的一课。不过了这一关的现代中国将是不完整的，而为完成这一实践做出了贡献的编剧和导演们，以及与他们良性互动的管理人员，都非常值得社会的尊敬。

"热搜榜"的真实与幻象

2017 年 10 月 8 日，文娱红星鹿晗中午发出一个微博："大家好，给大家介绍一下，这是我女朋友 @ 关晓彤"。关晓彤随即做了回应。这个信息在微博平台上引起了有可能是迄今创纪录的反响，到 9 日零时，鹿晗微博下的点赞高达 447 万，同时有数不清的人包括公号模仿鹿晗的"介绍体"说话，这则新闻导致微博平台一度瘫痪。

中国明星的婚恋新闻一次又一次形成互联网上的爆炸效应，大陆的追星潮也似乎在刷爆西方世界常有的一些刻度。在"讲政治"的中国社会，这多少有些出乎人们的意料。

但是仔细想想，这也不奇怪。首先，能够形成超级的追星热，一定是市场经济的产物。有网络号召力的明星，同时也具备了市场号召力，只有这两种号召力相互推波助澜时，超级明星才能被打造出来，中国"小鲜肉"今天非凡的影响力实际上标记了中国市场经济的广度和深度，也是中国这个大市场规模的突出象征。

整个世界都在娱乐化，在发达及新兴经济体社会影响力的分配格局中，娱乐明星历史性地站到了相当优越的位置上。明星们不仅在制作娱乐产品，他们还成为无数商品的代言人，以及大量公益活动的形象大使，在经济和道德建设中都扮演了某种媒介角色。

这是注意力经济的时代，中国的腾讯公司近二十年前推出了即时通信工具QQ，吸引了最多用户，然后"赢者通吃"，将聚集起来的注意力不断变现，直到今天形成微信和包括网上支付在内的庞大应用商业帝国。一个又一个明星有了巨大的粉丝群，然后站到了释放更多影响的娱乐业不曾有过的高地上。

和平与繁荣是娱乐业长成参天大树的沃土。在战争频仍的时代，或者社会面临严重危机并陷入大动荡的时代，娱乐业注定是面黄肌瘦、苟延残喘的，在国家一次又一次"生死抉择"面前，娱乐业的卑微会情不自禁。只有和平久了，发展顺利了，繁荣普遍了，来自政治和经济领域的危机感相对弱化了，娱乐业才能大把大把地把社会注意力揽入怀中，几个俊男靓女才会突然间拥有了万人空巷的力量。

这一切既真实，又像是幻象。谁都知道，大多数国家，尤其是中国这样的大国，国家的骨架注定是充满硬度的，肌肉也须是坚实的。无论打开电视还是手机屏幕，舞台、明星脸以及各种各样的搞笑比比皆是，带来种种轻松感。然而国家在面对挑战，有很多人在扛着那些真实的挑战，他们当中有些人有心情也参与分享一份娱乐业的成果，有些人则完全顾不上那种分享。

明星们的辉煌似乎也代表了某种不公平，他们得到的一切是一些为社会做出了决定性贡献的人们想都不敢想的。然而市场自身固有某种公平和某种不公平，这个阶段我们选择了市场经济，投身了互联网时代，就不能对它的一些规律性东西耿耿于怀。

娱乐明星拥有这种不可思议的号召力，其本质是什么，对社会的长期影响又是什么，恐怕还需时间来做出回答。我们今天置身于这样的环境中，未必就能真的看透它。

今天可以说的是，我们也许应当祝福那些明星和他们数以百万计甚至千万计的粉丝们。经过几代人艰苦卓绝的

298

努力，中国形成今天和平、稳定、繁荣的大框架，一些过去中国人不熟悉的现象正在这个大框架中形成、生长。娱乐业的繁荣就是其中之一，鹿晗等"小鲜肉"逐渐成为世界范围内现象级的娱乐明星，中国娱乐业走向何方，我们不妨拭目以待。

责任编辑：陈佳冉

封面设计：王欢欢

图书在版编目（CIP）数据

党领导的强大体制对中国意味着什么？／胡锡进 著．—北京：
人民出版社，2019.9

ISBN 978－7－01－021212－8

I.①党…　II.①胡…　III.①时事评论－中国－文集

　IV.① D609.9–53

中国版本图书馆 CIP 数据核字（2019）第 191576 号

党领导的强大体制对中国意味着什么？

DANG LINGDAO DE QIANGDA TIZHI DUI ZHONGGUO YIWEI ZHE SHENME

胡锡进　著

人民出版社 出版发行

（100706　北京市东城区隆福寺街 99 号）

北京汇林印务有限公司印刷　新华书店经销

2019 年 9 月第 1 版　2019 年 9 月北京第 1 次印刷

开本：880 毫米 ×1230 毫米 1/32　印张：9.625

字数：250 千字

ISBN 978－7－01－021212－8　定价：58.00 元

邮购地址 100706　北京市东城区隆福寺街 99 号

人民东方图书销售中心　电话（010）65250042　65289539